Bewegtes Lernen im Fach Deutsch

Klassen 5 bis 10/12

Didaktisch-methodische Anregungen

2. neu bearbeitete und erweiterte Auflage
unter Mitarbeit von Franziska Baseler

Christina Müller · Jana Kschamer

Academia Verlag Sankt Augustin

Bibliografische Informationen Der Deutschen Bibliothek
Die Deutsche Bibliothek verzeichnet diese Publikation in der Deutschen Nationalbibliografie: detaillierte bibliografische Daten sind im Internet über http://dnb.ddb.de abrufbar.

ISBN 978-3-89665-690-2

2. neu bearbeitete und erweiterte Auflage 2016

Bahnstraße 7, D-53757 Sankt Augustin
Internet: www.academia-verlag.de
E-mail: info@academia-verlag.de

Printed in Germany

Inhaltsverzeichnis Deutsch Klassen 5 bis 10/12

Unser Dank gilt folgenden Wissenschaftlern und Kollegen, die mit ihren Ideen und fachlichen Ratschlägen die Überarbeitung der Beispiele unterstützten:
Herr Prof. Dr. Bernhard Meier, Universität Leipzig, Institut für Germanistik
Frau Dr. Diana Pophal, Universität Leipzig, Fachgebiet Schulsport (Zuarbeiten für die 2. Auflage)
Frau Franziska Arnold, Universität Leipzig, Fachgebiet Schulsport (Zuarbeiten für die 2. Auflage)
Frau Dr. Roswitha Radisch, Staatliches Seminar für das Lehramt an Mittelschulen
Herr Thomas Löser, Humboldt-Gymnasium Radeberg (Projektschule „Bewegte Schule")
Frau Bärbel Wieruch, Mittelschule Tharandt (Projektschule „Bewegte Schule")
Frau Ina Jobst, Schule zur Lernförderung Großenhain (Projektschule „Bewegte Schule")
Frau Christiane Schubert,
Frau Jana Kuntzsch, Schule zur Lernförderung Flöha (Projektschule „Bewegte Schule")

Layout: Karla Edelmann, Leipzig, Franziska Baseler, Leipzig, Christina Müller, Leipzig
Zeichnungen:
Martin Veit (Titelseite), Heide Hoeht, Berlin (3.17), Jana Kschamer, Leipzig (3.2)

Bewegtes Lernen als Teilbereich einer bewegten Schule

Kinder und Jugendliche brauchen Bewegung, um sich in ihrer Gesamtpersönlichkeit harmonisch entwickeln zu können. Bewegung ist das Medium, die Umwelt zu erkennen und zu gestalten (Grupe, 1982, S. 72). Durch Bewegung nehmen die Heranwachsenden ihre Umwelt differenzierter wahr und sammeln vielfältige Erfahrungen. Bewegung unterstützt das kognitive Lernen durch eine verbesserte Konzentrationsfähigkeit, die Schaffung eines zusätzlichen Informationszugangs über den „Bewegungssinn" sowie die Optimierung der Informationsverarbeitung. Bewegungssituationen bieten für Schülergruppen vielfältige soziale Lernmöglichkeiten, bei denen die Wechselseitigkeit von Geben und Nehmen ausgewogen realisiert wird. Des Weiteren besteht ein Zusammenhang zwischen als befriedigend erfahrenen Bewegungshandlungen und positivem emotionalen Erleben. Bewegung kann einmal aktivieren, hat aber auch eine beruhigende und stressabbauende Wirkung. Dadurch werden Gesundheit und Wohlbefinden gefördert. Bewegung ist eine Voraussetzung für die motorische und gesunde körperliche Entwicklung. Durch Bewegungssicherheit kann die Unfallhäufigkeit gesenkt werden. Die Erprobung von Bewegungsabläufen, eine realistische Selbsteinschätzung und das Erleben eigenen Könnens, aber auch eigener Grenzen, tragen wesentlich zu einer befriedigenden Selbsterfahrung bei. (Müller, 2010, S. 20-30)
Kinder und Jugendliche haben aber zu wenig Bewegung, denn sie sind in Abhängigkeit von ihren individuellen Bedingungen von einer zunehmend von Bewegungseinschränkungen charakterisierten Welt umgeben. Als zentrale Stichworte können gelten: Einengung und Spielfeindlichkeit der Bewegungsräume, Dominanz bewegungsarmer Freizeittätigkeiten, Tendenz zur „Verhäuslichung" und damit Rückzug aus dem Bewegungsraum Natur u. a. Der Zustand dauernder Bewegungsunterdrückung wird noch verstärkt durch einen den Schulalltag häufig bestimmenden typischen „Sitzunterricht". Folgen sind zunehmende gesundheitliche Schwächen und Schäden (Haltungsschwächen u. a.), Konzentrationsschwäche, Hyperaktivität, Auffälligkeiten im Arbeits- und Sozialverhalten, erhöhte Aggressivität, eingeschränkte Leistungsfähigkeit, Unfallhäufigkeiten. (Müller, 2010, S. 31-34)

Ansätze zur Problemlösung zu finden, ist ein gesamtgesellschaftliches Anliegen, in das sich unterschiedliche Ebenen einzubringen haben. Schule sollte insgesamt den Bewegungsaktivitäten der Kinder und Jugendlichen mehr Raum bieten und konsequent ein Lernen mit allen Sinnen, also auch dem Bewegungssinn, ermöglichen. Deshalb muss Schule in diesem Sinne zu einer **bewegten Schule** werden.
Folgende Bereiche einer bewegten Schule können ausdifferenziert werden (Müller & Petzold, 2014, S. 36):

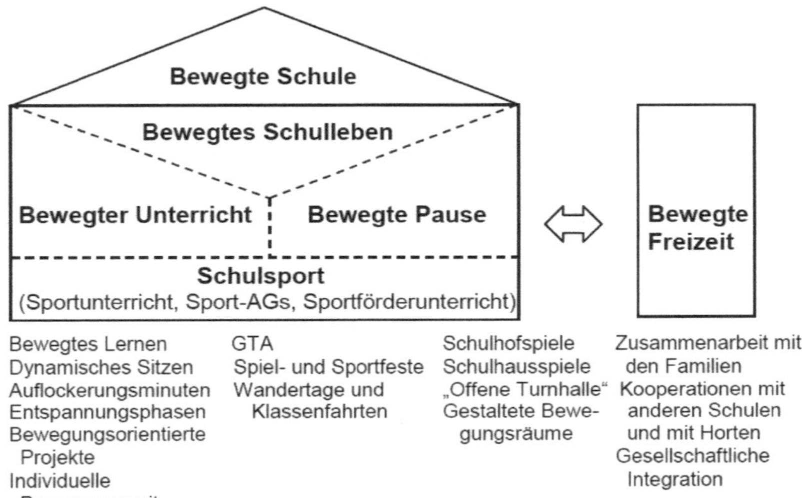

Die vorliegenden didaktisch-methodischen Anregungen beziehen sich auf den Teilbereich bewegtes Lernen, der in einen bewegten Unterricht eingeordnet werden kann. Verbindungen zu anderen Bereichen werden angedeutet. Die einzelnen Karteikarten können herausgetrennt und den jeweiligen Unterrichtsstunden zugeordnet werden.

Zusätzliche Informationszugänge durch Bewegung

Als Lernkanäle werden hauptsächlich der akustische und der optische Analysator genutzt. Über den Bewegungssinn (kinästhetischer Analysator), dessen Rezeptoren über den gesamten Körper verteilt in den Muskeln, Sehnen, Bändern und Gelenken liegen, kann der Schüler zusätzlich Informationen zum Lerngegenstand erhalten. Diese Informationen erfolgen also nicht über die Umwelt, sondern über den Körper und die eigene Bewegung. (Müller, 2010, S. 54) Der Lernprozess im Fach Deutsch kann über folgende Möglichkeiten Unterstützung erfahren:

So können die Schüler Bewegungs- und Körpererfahrungen bewusst empfinden und verbalisieren (s. 1.11 „Mit geschlossenen Augen"). Sie nehmen sprachliche Strukturen über Bewegung wahr (s. 4.22 „Ober- und Unterbegriff"). Sprache kann durch Bewegungsaktivitäten erlebt und erfahren werden (s. 4.13 „Tempo! Tempo!"). Über sinnvolle Bewegungen lassen sich Gedichte, Balladen u. a. besser einprägen (s. 3.6 „Gedichte bewegt lernen"). Mittels Ganzkörperbewegungen können Rechtschreib- und Grammatikentscheidungen mitgeteilt (s. 2.12 „Groß oder klein?") und pantomimisch Wortbedeutungen, Erlebnisse u. a. ausgedrückt werden (s. 1.5 „Am Wochenende"). Die Schüler stellen Alltagssituationen im Stegreifspiel (s. 1.1 „Telefonieren") sowie literarische Texte im szenischen Spiel (s. 3.10 „Schülertheater") dar. Bei Unterrichtsgängen können Sprachhandlungen/-normen in der Umwelt (s. 2.23 „Straßennamenralley") erkundet werden.

Alle aufgeführten Möglichkeiten geben dem Schüler zusätzliche Informationen über den Lerngegenstand und unterstützen damit den Lernprozess.

Darüber hinaus fördert diese Art des Unterrichts die Motivation. Der Schüler erhält die Möglichkeit, sich in seinem Tun und Lernen voll zu entfalten. Der Lernprozess erfolgt nicht nur mündlich und schriftlich, sondern auch über die körperliche Darstellung. Lernprozesse, die unter Mitwirkung von Bewegung entstehen, erfolgen meist durch Zusammenarbeit mehrerer Schüler. Gruppenbilder müssen abgesprochen, Arbeitsschritte gemeinsam geplant werden. Dies fördert auch die Sozialkompetenz.

Zusätzlicher Informationszugang	Beispiele	
Bewegungs- und Körpererfahrungen bewusst *empfinden* und verbalisieren	1.11 Mit geschlossenen Augen 1.12 Raumgefühl	1.13 Wahrnehmungsschulung
sprachliche Strukturen über Bewegung *wahrnehmen*	1.14 Vier-Ecken-Spiel 2.10 Das oder dass? 2.20 Fremdwörter systematisieren	4.8 Welcher Fall? 4.21 Bandwurmwort 4.26 Woher?
Sprache über Bewegung *erleben und erfahren*	1.8 Detektive 2.16 Buchstabensuppe	4.3 Satzgliedmanufaktur 4.13 Tempo! Tempo!
Gedichte, Balladen u. a. über sinnvolle Bewegungen *erleben* und sich dadurch einprägen	3.6 Gedichte bewegt lernen	3.9 Das Auf und Ab im Versmaß
Rechtschreib- oder Grammatikentscheidungen mit Ganzkörperbewegungen *mitteilen*	2.9 s – ß – ss? 2.12 Groß oder klein?	4.6 Komparation der Adjektive 4.9 Zeitformen der Verben 4.22 Ober- und Unterbegriff
pantomimisch Wortbedeutungen, Erlebnisse u. a. *ausdrücken*	1.5 Am Wochenende 1.6 Meine Geschichte 1.16 Imitator	3.4 Pantomime 3.12 Standbilder 4.17 Wortfelder gestalten 4.23 Activities
Alltagssituationen spontan *darstellen* (Stegreifspiel) literarische Texte *szenisch spielen*	1.1 Telefonieren 1.2 Verkaufsgespräch 1.3 Können Sie mir bitte sagen ...? 1.4 Das „Guten-Tag"-Spiel 3.1 Stegreifspiel 3.2 Spiel mit Stockpuppen 3.3 Schattenspiele	1.10 Sportreporter 1.15 Podiumsdiskussion 2.2 Beobachten von Menschen 3.5 Figurenkonstellation 3.10 Schülertheater 3.11 Spieler – Gegenspieler 3.13 Regieanweisung
Bewegungsvorhaben über Sprache gemeinsam *planen und durchführen*	1.7 Bewegungsgeschichten 1.18 Werbespots	2.3 Spielanleitung
bei Unterrichtsgängen etwas über den Umgang mit Sprache *erkunden*	1.19 Sprachkultur	2.23 Straßennamenralley

Optimierung der Informationsverarbeitung durch Bewegung

Schule ist traditionell eine „Sitzschule". Lernen scheint vorrangig nur im ruhigen Sitzen möglich. Dabei wurden bereits vor mehr als 2000 Jahren die Schüler von Aristoteles in Wandelhallen unterrichtet (Seele, 2012, S. 16), Mönche promenierten bei geistigen Gesprächen durch die Klostergänge und in früheren Zeiten schrieben Dichter und Gelehrte, wie z. B. J. W. v. Goethe, an Stehpulten und schritten beim Nachdenken im Zimmer auf und ab (Breithecker u. a., 1996, S. 24). Lehrer pflegen auch heute weniger im Sitzen zu arbeiten, sondern sie gehen durch den Unterrichtsraum. Nur die Schüler sollen noch zu häufig beim „Stillsitzen" lernen. Dabei weisen Untersuchungen zu Grundgrößen der Informationsverarbeitung (bei Erwachsenen) nach, dass bereits geringe fahrradergometrische Belastungen die Gehirndurchblutung anregen und dadurch die kognitive Leistungsfähigkeit, insbesondere die Kurzspeicherkapazität und die Lerngeschwindigkeit, ansteigt (Lehr & Fischer, 1994, S. 182). Überwinden wir unsere pädagogischen Gewohnheiten und ermöglichen den Schülern, Lernen mit Bewegung zu verbinden. Zur Optimierung der Informationsverarbeitung reichen bereits Bewegungen mit geringer Intensität aus. (Müller, 2010, S. 67)

Die nachfolgenden Beispiele basieren auf diesen theoretischen Positionen, z. B. das Entscheiden über Zustimmung oder Ablehnung zu mündlichen Sprachäußerungen (s. 2.8 „Richtig oder falsch?"). Weiterhin können Wortfamilien, Wort- und Sachfelder beim Zuwerfen eines Balles o. Ä. eingeprägt werden (s. 4.16 „Wörterball"). Beim Gehen durch den Raum werden Gespräche geführt (s. 2.7 „Bildgeschichte") oder Aufgaben gelöst (s. 4.2 „Satzgliedpuzzle"). Außerdem besteht die Möglichkeit sich Informationen zu spezifischen sprachlichen Themen einzuholen (s. 1.17 „Straßeninterview"). Schreibweisen, Wortbedeutungen, grammatikalische Formen können beim Wechseln der Plätze (s. 2.19 „Fremdwörter systematisieren") gefestigt werden. Es besteht die Möglichkeit beim Lesen, Zuhören und Schreiben unterschiedliche Arbeitshaltungen anzuwenden (s. 3.17 „Entlastungshaltungen"). Solche und weitere Übungen können als Erweiterung traditioneller Formen des Unterrichtens eingeordnet werden. Neben der verbesserten Sauerstoffversorgung des Gehirns tragen psychische Komponenten (nicht mehr still sitzen zu müssen sowie die Motivationserhöhung durch eigene Aktivität) dazu bei, das Lernen zu erleichtern und eine Schule zu gestalten, die wirklich vom Schüler (und seinem Bewegungsbedürfnis) ausgeht.

Optimierung der Informationsverarbeitung	**Beispiele**	
durch Bewegung Zustimmung oder Ablehnung zu mündlichen Sprachäußerungen signalisieren	2.8 Richtig oder falsch? 4.4 Entscheide dich: 1, 2 oder 3?	4.19 Kuckucksei
beim Zuwerfen eines Balles o. Ä. Wortfamilien, Wort- und Sachfelder u. a. bilden	2.13 Buchstabieren 4.16 Wörterball	4.20 Wortfamilien 4.24 Wortketten
beim Gehen (durch den Raum) – Gespräche führen – Aufgaben lösen	2.7 Bildergeschichten 1.9 Memory 2.1 Text-Orientierungslauf 2.5 Sprichwörter 2.6 Was gehört zusammen? 2.11 Wörter auf -ig, -lich und –isch 2.14 Meer oder mehr? 2.15 p, d und g am Stammende 2.21 Was heißt denn ...? 2.22 Fremdwortwettlauf 3.7 Gedichte auswendig lernen	3.15 Stichwörter ordnen 3.8 Kreis-Gedicht 3.14 Märchenmemory 4.2 Satzgliedpuzzle 4.5 Wortartenpuzzle 4.12 Puzzle mit Adverbien 4.15 Worttheke 4.18 Wortfeld-Staffel 4.25 Wortbildungspuzzle 4.26 Woher?
– Informationen zu spezifischen sprachlichen hemen einholen und weiterbearbeiten	1.17 Straßeninterview	
– Schreibweisen, Wortbedeutungen, grammatikalische Formen sich einprägen und am Platz aufschreiben	2.4 Gesucht – gefunden 2.18 Suchen und finden 2.17 Wanderdiktat	3.16 Sagen 4.27 Jugendsprache
Plätze wechseln und dabei grammatikalische Formen üben, Fremdwörter orthografisch absichern	2.19 Fremdwörter systematisieren 4.1 Bankrutschen 4.7 Groß – größer – am größten	4.11 Verbformen 4.14 Plätze wechseln
beim Lesen, Zuhören und Schreiben unterschiedliche *Arbeitshaltungen* anwenden	3.17 Entlastungshaltungen beim Lesen	

Hinweise der Autoren

In die Erarbeitung der Materialsammlung sind Vorschläge von Studierenden und Lehrkräften eingeflossen, die auf umfangreichem Literaturstudium, aber auch eigenen Erfahrungen und Ideen basieren. Dies erschwert zum Teil den Nachweis der ursprünglichen Quellenangaben. Durch die Anbindung an das sächsische Projekt erfolgte eine Orientierung an den Lehrplänen in Sachsen, ergänzt durch eine Analyse von Lehrplänen/Richtlinien anderer Bundesländer. Da eine Reihe von Inhalten und Themen in den einzelnen Bundesländern in unterschiedlichen Klassenstufen aufzufinden ist, wird meist eine unverbindliche Spannbreite über mehrere Klassen angegeben. Insgesamt sind die Beispiele der Materialsammlung als Anregungen zu verstehen, die entsprechend der konkreten Bedingungen sowie der aktuellen Klassensituation ausgewählt und verändert werden müssen. Außerdem soll dazu angehalten werden, selbst neue Beispiele auszuprobieren und zu ergänzen.

Seit dem Erscheinen der 1. Auflage sind über zehn Jahre vergangen, in denen das Konzept der bewegten Schule und der Schwerpunkt des bewegten Lernens in einer Reihe von Schulen erfolgreich umgesetzt werden konnten. Die dabei gesammelten Erfahrungen sowie neue Überlegungen bilden die Grundlage für die jetzt vorliegende Bearbeitung. Die 2. Auflage wurde vor allem durch neue Beispiele und Varianten sowie Konkretisierungen auf den Rückseiten der Karteikarten ergänzt. Dafür ist vor allem Franziska Baseler zu danken. Im Anhang befinden sich mögliche Vorlagen von Arbeitsblättern für die Hand der Schüler, die z. B. im Rahmen von Freiarbeit genutzt werden können.

Anmerkung:

Männliche Personenbezeichnungen (Lehrer, Schüler) gelten in diesen didaktisch-methodischen Anregungen gleichermaßen für Personen weiblichen Geschlechts.

Literatur:

Arnold, F. (2016). *Ergänzungen zum Bewegten Lernen im Fach Deutsch.* Manuskript. Leipzig: Sportwissenschaftliche Fakultät.

Baseler, F. (2014). *Erweiterung der didaktisch-methodischen Anregungen zum Bewegten Lernen im Fach Deutsch.* Bachelorarbeit. Leipzig: Sportwissenschaftliche Fakultät.

Baseler, F. (2015). *Ergänzungen zum Bewegten Lernen im Fach Deutsch.* Manuskript. Leipzig: Sportwissenschaftliche Fakultät.

Breithecker, D. et al. (1996). In die Schule kommt Bewegung. *Haltung und Bewegung* 16 (2), 5-47.

Friedrich, B. (1997). *Übungswortschatz für den Rechtschreibunterricht Klassen 5-8*. Berlin: Volk und Wissen.

Grupe, O. (1982). *Bewegung, Spiel und Leistung im Sport*. Schorndorf: Hofmann.

Kschamer, J. (2004). *Pädagogisches Konzept der Bewegten Schule in den Sekundarstufen I und II. Bewegtes Lernen im Deutschunterricht*. Wissenschaftliche Arbeit. Leipzig: Sportwissenschaftliche Fakultät.

Kschamer, J. (2016). *Ergänzungen zum Bewegten Lernen im Fach Deutsch.* Manuskript. Leipzig: Sportwissenschaftliche Fakultät.

Lehrl, S. & Fischer, B. (1994). *Gehirn-Jogging. Selber denken macht fit* (4. überarbeitete Aufl.). Ebersberg: VLESS-Verlag.

Mertke. S. (2009). *Bewegtes Lernen im literarischen Deutschunterricht*. Wissenschaftliche Arbeit. Leipzig: Philologische Fakultät.

Müller, Chr. (2010). *Bewegte Grundschule* (3. neu bearb. Aufl.). Sankt Augustin: Academia.

Petzold, R. (2010). *Spiele vor der Haustür* (4. Aufl.). Dresden: Sächsisches Staatsministerium für Soziales. Zugriff am 22. Februar 2016 unter https://publikationen.sachsen.de/bdb/artikel/11867

Pophal, D. (2016). *Ergänzungen zum Bewegten Lernen im Fach Deutsch.* Manuskript. Leipzig: Sportwissenschaftliche Fakultät.

Seele, K. (2012). *Beim Denken gehen, beim Gehen denken. Die Peripatetische Unterrichtsmethode*. Band 14 von Philosophie und Bildung. Berlin, Münster u. a.: LIT.

SMK (Sächsisches Staatsministerium für Kultus). (Hrsg.). *Spiel & Spass. Eine Sammlung für die Hosentasche*. Dresden: SMK. Zugriff am 9. August 2015 unter https://publikationen.sachsen.de/bdb/artikel/22796

Stiefel, K. (2001). Schulprofil „Bewegte Schule“. *Bewegtes Lernen im Deutschunterricht in den Sekundarstufen I und II.* Wissenschaftliche Arbeit. Leipzig: Sportwissenschaftliche Fakultät.

Weichert, I. (1990). *Spielideen mit Beispielen in Englisch, Französisch, Russisch.* Berlin: VuW.

Wildi, H. & Lindner-Köhler, P. (1997). *Der Volltreffer. 20 Bildgeschichten zum Schmunzeln.* Zugriff am 09. Oktober 2014 unter http://www.kohlverlag.de/img/Leseprobe/10028-4.jpg

Witschas, T. (2016). *Entwicklung und Evaluation von Beispielen für das bewegte Lernen im Fach Sorbisch.* Wissenschaftliche Abschlussarbeit. Leipzig: Sportwissenschaftliche Fakultät.

Sprichwörter und Redewendungen. Zugriff am 25. Oktober 2014 unter http://www.sprichwoerter-redewendungen.de/sprichwoerter-redewendungen-von-a-bis-z/

Fressbert Dickbauch. Zugriff am 3. Februar 2016 unter http://www.thomasmeisen.de/deutsch/Klasse-5/

Belegarbeiten von Studierenden der Sportwissenschaftlichen Fakultät der Universitäten Leipzig, besonders von Julia Wittig, Sandra Hellermann, Marcel Mandt, Matthias Jackisch, Michaela Jakob, Michael Hein

Weitere Literatur zum Projekt „Bewegte Schule“ (in Sachsen)

Müller, Chr. & Petzold, R. (2015). *Bewegte Schule* (2. neu bearbeitete Auflage). St. Augustin: Academia.
Es werden grundsätzliche Positionen, eine Vielzahl von Beispielen sowie Hinweise zur methodisch-organisatorischen Gestaltung vorgestellt – über das bewegte Lernen hinaus für weitere Bereiche einer bewegten Schule, wie Auflockerungsminuten, Entspannungsphasen, individuelle Bewegungszeiten, bewegungsorientierte Projekte, bewegte Pausen, bewegtes Schulleben. Ergänzt werden die Ausführungen zum Konzept der bewegten Schule durch die Ergebnisse einer Längsschnittstudie zu den Wirkungen.

Müller, Chr. et al. (2004, 2005, 2013, 2014, 2015). *Bewegtes Lernen in den Klassen 5 bis 10/12. Fächer: Fremdsprachen, Biologie, Geschichte, Sozialkunde/Gemeinschaftskunde/Politik, Evangelische Religion, Mathematik, Deutsch, Kunst, Musik, Physik, Geografie, Ethik, Chemie*. St. Augustin: Academia.

Müller, Chr. & Dinter, A. (2013). *Bewegte Schule für ALLE*. Meißen: Unfallkasse Sachsen.
Modifizierungen eines Konzeptes der bewegten Schulen für die Förderschwerpunkte Lernen, geistige Entwicklung, körperliche und motorische Entwicklung, emotionale und soziale Entwicklung sowie Sprache.

Müller, Chr. (2010). *Bewegte Grundschule. Aspekte einer Didaktik der Bewegungserziehung als umfassende Aufgabe der Grundschule* (3. neu bearbeitete Aufl.). St. Augustin: Academia.

Müller, Chr. (Hrsg.). (2006). *Bewegtes Lernen in den Klassen I bis IV. Didaktisch-methodisches Anregungen für die Fächer Mathematik, Deutsch und Sachunterricht* (3. erweiterte und überarbeitete Aufl.). St. Augustin: Academia. Ergänzung durch: Müller, Chr. et al. (2003, 2009). *Bewegtes Lernen in den Fächern: Ethik, Englisch Anfangsunterricht, Kunst, Musik*. St. Augustin: Academia.

http://www.bewegte-schule-und-kita.de

http://www.academia-verlag.de/titel/serie/serie_Bewegtes_Lernen.htm

1 Sprechen und Hören

Klasse: 5-6

Thema **Alltagssituationen**

1.1 Telefonieren

Ort: Unterrichtsraum
Material: Karten mit Themen

Beschreibung: Als Rollenspiel wird paarweise ein Telefonat zu abgesprochenen Inhalten geführt, z. B. sich bei einem Übungsleiter für das Fehlen entschuldigen, eine Auskunft für den Wandertag (die Klassenfahrt) einholen. Partnerwechsel.
Für eine anschließende Auswertung ist die Erstellung eines Gesprächsprotokolles notwendig.

Varianten:
- Karten ziehen mit unterschiedlichen Themen für Telefonate (Beispiele s. Rückseite)
- Hinweise zum Telefonieren (s. Rückseite) an der Tafel notieren

Themen für Telefonate:

- Schüler ruft bei der Telefonauskunft an, weil er die Nummer der Bibliothek/der ... wissen möchte.
- Schüler ruft beim Arzt an, um einen Termin zu vereinbaren (Krankheit ausdenken und Symptome nennen).
- Schüler ruft einen Freund an, hat aber zuerst dessen Mutter/Vater am Apparat.
- Schüler ruft in der Schule an und erkundigt sich über ...
- Schüler ruft im Kino an und möchte wissen, wann, welcher Film gespielt wird und reserviert Karten.
- Schüler ruft in einem Geschäft an und möchte etwas reklamieren.
- Schüler wird von der Verbraucherzentrale angerufen und zu einem Produkt befragt (Geschmack, Aussehen, Farbe, Verpackung, Preis).
- Schüler (Kl. 8-9) absolviert in einem Betrieb ein Praktikum und wird angerufen, gewünschter Kollege ist jedoch nicht da.

Folgende Hinweise zum Telefonieren können an der Tafel stehen:

Wenn du jemanden anrufst oder angerufen wirst, melde dich mit deinem Namen und grüße!
Bei beruflichen Gesprächen nenne zuerst den Firmennamen, dann deinen Namen und die Begrüßung!
Was du zu sagen hast, sage genau und knapp!
Sprich nicht zu schnell und deutlich! (Friedrich, 1997, S. 26)
Frage nach, wenn du etwas nicht verstanden hast oder dir die erhaltene Antwort nicht ausreicht! (Pophal, 2016)

Thema: **Alltagssituationen**

1.2 Verkaufsgespräch

Ort: Unterrichtsraum, Schulhaus
Material: evtl. Kleider, Spielzeug, evtl. „Spielgeld"

Beschreibung: Eine „Familie" wird von einem „Verkäufer" durch das Kaufhaus geführt. Er zeigt ihnen verschiedene Angebote zum Kaufwunsch der „Familie", die viele Fragen stellt. Zum Abschluss spielt eine Gruppe ihr Verkaufsgespräch der Klasse vor. Alle vergleichen mit dem Tafelbild (s. Rückseite) und werten aus.

Varianten:

- Kaufabschluss spielen
- Kaufstände ausgestalten
- als Partnerübung (die Zuschauenden beschreiben und bewerten anschließend)
- Informationsgespräch
- Wegbeschreibung

Weitere Varianten:

- Ein Verkäufer bedient mehrere Käufer.
- Mehrere Verkäufer versuchen einen Käufer von ihrem Produkt/Angebot zu überzeugen. Anschließend soll der Käufer erklären, warum er sich für Produkt A, B oder C entschieden hat.
- Ist ein beobachtender Schüler mit den Verkäufer- oder Käuferdarsteller nicht zufrieden, darf er die darstellende Person ablösen, indem er ihr auf die Schulter klopft und leise mit ihr den Platz tauscht.

An der Tafel stehen mögliche Ziele des Verkaufsgesprächs:

Käufer und Verkäufer finden eine Lösung (Einigung über Preise, Rabatte, Rückgaberecht ...)
Der Käufer muss:

- sich über seine eigenen Wünsche klar werden
- die eigene Auffassung durchsetzen
- die Meinung des Verkäufers aufnehmen und darauf eingehen
- Argumente kennen lernen, die vorher nicht bedacht wurden
- Ideen sammeln, um seine Verkaufsstrategie trotz Widerstand des Kunden durchzusetzen
- herausfinden, ob ein Angebot seriös (Begriff klären), überteuert, seinen Bedürfnissen entsprechend ist
- usw.

Thema: **Alltagssituationen**

1.3 Können Sie mir bitte sagen ...?

Ort: Unterrichtsraum, Schulhaus, Schulgelände
Material: -

Beschreibung: Die Schüler gehen durch den Raum/über das Schulgelände. Sie suchen sich einen Mitschüler und holen bei ihm eine Auskunft ein, z. B. nach einer Wegbeschreibung, zum Beginn einer Veranstaltung, zu Sehenswürdigkeiten (s. Rückseite). Sie bedanken sich und gehen zum nächsten Partner. Die Schüler korrigieren gegenseitig Fehler in der sprachlichen Gestaltung und suchen sich einen neuen Partner.

Varianten:

- vorher Gesprächsteile (Begrüßung, Höflichkeitsfloskeln, Verabschiedung) mit den Schülern klären
- als Vorstellungsrunde zu Beginn des 5. Schuljahres anwenden
- nach etwas fragen, was alle beantworten können, d. h. aus der Lebenswelt der Schüler, z. B.: Wo befindet sich die nächste Haltestelle? Können Sie mir sagen, wie ich zur Sporthalle gelange?

Mögliche Beispiele für die Gesprächsteile:

Begrüßung

- „Entschuldigen Sie bitte ..."
- „Können Sie mir bitte sagen ..."
- „Hätten Sie einen Moment?"
- „Darf ich Sie kurz etwas fragen…"

Höflichkeitsfloskeln

- „Freut mich, wenn ich Ihnen helfen konnte."
- „Kann ich Ihnen sonst noch behilflich sein?"
- „Gern geschehen."

Verabschiedung

- „Vielen Dank für Ihre Hilfe!"

(Baseler, 2014, S. 44)

Thema: **Alltagssituationen**

1.4 Das „Guten-Tag"-Spiel

Ort: Unterrichtsraum, Schulgelände
Material: -

Beschreibung: Zum Erlernen sozialer Muster unter bestimmten Bedingungen gehen die Schüler durch den Raum und finden sich zu Dreiergruppen zusammen. Der Lehrer gibt bestimmte Alltagssituationen vor, die die Schüler im Rollenspiel lösen. Dabei eröffnen abwechselnd die Jungen und Mädchen das Gespräch und bilden entsprechende Paare. Ein dritter Schüler beobachtet das Rollenspiel und bewertet (Rollenwechsel).

Varianten: s. Rückseite

Mögliche Situationen:

- Grüßen, Begrüßen, Verabschieden
  (privat, offiziell, unter Freunden, im Geschäft, der Bank, beim Arbeitgeber, dem Rendezvous ...) Dabei können auch Begrüßungs- und Verabschiedungsrituale bestimmter (Jugend-)Gruppen, Gangs oder (bekannter) Banden mit einbezogen werden.
- Erteilen und Einholen von Auskünften
  (auf dem Bahnhof, im Kaufhaus, auf der Straße, auf Ämtern, im Krankenhaus ...)
- Entschuldigen
  (für Verspätung, Vergesslichkeit ...)
- Sprechen über sich selbst
  (vor Freunden, privat, offiziell, im neuen Sportverein, im Interview, beim Bewerben ...)
- bei allen Situationen evtl. auch Fortbewegungsart und Richtung verändern

Thema: **Alltagssituationen**

1.5 Am Wochenende

Ort: Unterrichtsraum
Material: -

Beschreibung: Ein Schüler erzählt seinem Partner nur mit körpersprachlichen Mitteln ein Erlebnis vom vergangenen Wochenende. Der Mitschüler (macht sich eventuell Notizen) formuliert anschließend, was er erkannt hat. Der „Spieler" erzählt, was er darstellen wollte. Im abschließenden Gespräch vergleichen beide.

Varianten:

- Begriffe/Gefühle mit körpersprachlichen Mitteln darstellen
- als Kreisgespräch montags gut geeignet
- Ereignisse vom Wochenende als Nachrichtensprecher nonverbal gestalten
- Varianten für die gewählte Darstellungsform im Gespräch finden (Was hätte anders eindeutiger dargestellt werden können?)

Hinweise:

- Leicht darzustellen sind typische Freizeittätigkeiten, z. B fernsehen, Rad fahren, Eis essen, bestimmte Sportarten ausführen.
- Anspruchsvoller, aber auch gut zu erkennen, sind besondere Vorkommnisse, wie z. B. einen Berg besteigen, in den Zoo gehen, mit dem Zug fahren.
- Eventuell wird dem Darstellenden ein Partner zur Seite gegeben.

Thema: **Gebrauchsformen sprachlicher Darstellung**

1.6 Meine Geschichte

Ort: Unterrichtsraum
Material: -

Beschreibung: Jeder Schüler bereitet sich auf das Erzählen einer Geschichte zu einem erlebten oder erfundenen Geschehen entsprechend eines Rahmenthemas vor. In Kleingruppen beginnt ein Schüler mit seiner Geschichte. Wenn er unterbricht, spielt ein anderer (pantomimisch) das Gehörte nach bzw. ergänzt den möglichen Abschluss der Geschichte. Ausgewählte Geschichten werden vor der Klasse kurz nacherzählt.

Varianten:

- als Kreisgespräch nutzen (erst nach vorherigem „Üben")
- eine vorgegebene Geschichte nachspielen (auf Unterschiede verbal - nonverbal eingehen)
- Als Schwierigkeitssteigerung können Geschichten mit der „Stopp- bzw. Freeze-Methode" („Einfrieren" als Standbild) im Kreis gespielt werden.

1 Sprechen und Hören

Klasse: 5-7

Thema: **Gebrauchsformen sprachlicher Darstellung**

1.7 Bewegungsgeschichten

Ort: Unterrichtsraum
Material: -

Beschreibung: Nachdem die Schüler Bewegungsgeschichten für die kurze Auflockerung des Unterrichts kennen gelernt haben (s. Rückseite), besteht die Aufgabe darin, selbst eine solche Geschichte nach einem erlebten oder erfundenen Geschehen aufzuschreiben, der Klasse zu erzählen und die Mitschüler zu geeigneten Bewegungen zu animieren.

Varianten:

- passende Bilder auf eine Folie zeichnen
- themenbezogene Geschichten („Das Fremde“, „Phantasie“, „Alltagsgeschichten“) möglich
- Partnerarbeit
- Entspannungsgeschichten

Bewegungsgeschichte

Wir wollen einen kleinen Spaziergang machen.	*Am Ort gehen – Knie anheben*
Von der Straße kommen wir auf eine Wiese. Da hört man das Gras rauschen.	*Handfläche aneinander reiben*
Jetzt gehen wir über eine Brücke und kommen wieder auf eine Wiese.	*gehen*
Halt, da ist ein Graben.	*Hände hochheben*
Wir nehmen Anlauf und hopp.	*am Ort laufen und springen*
Sind wir glücklich alle drüber? Wo sind wir eigentlich?	*Fäuste aufsteigend übereinander*
Wir steigen auf einen Baum und halten Ausschau.	*Aufstehen, Ausschau halten mit der Hand*
Aha, da sehe ich einen Weg.	
Steigen wir also herunter und wandern wir weiter. Aber langsam, denn merkt ihr es nicht, es geht bergauf.	*Fäuste absteigend untereinander* *am Ort gehen*
Nanu, es ist ganz finster! Das ist ja unheimlich, wo sind wir nur? Wir wollen mit der linken Hand uns ganz vorsichtig vortasten – hu!	*erschrockenes Zurückziehen der Hand*
Das ist ja ganz kalt. Und jetzt mit der rechten Hand. Jiiih!	*s. o.*
Das ist ja ganz nass! Jetzt weiß ich es, wir sind in einer Höhle. Da vorne ist eine Biegung. Da wollen wir uns hineinschleichen.	*schleichen*

Jetzt Hals und Kopf vorstrecken – puh! Da steht ein Kerl mit roten Augen und grinst uns an! Jetzt aber nichts wie zurück: den Weg hinunter, den Baum hoch, den Baum wieder runter, hopp – über den Graben, durch das Gras, über die Brücke, durch die Wiese, auf die Straße und die Treppenstufen hinauf ins Haus hinein. Nun sind wir wieder hier!"

1 Sprechen und Hören

Klasse: 5-7

Thema: **Gebrauchsformen sprachlicher Darstellung**

1.8 Detektive

Ort: Unterrichtsraum, Schulhaus, Schulgelände
Material: einen zu beschreibenden Gegenstand (nicht zu klein)

Beschreibung: Die Schüler bilden Kleingruppen. Ein Schüler hat einen Gegenstand versteckt. Er beschreibt diesen einer Gruppe von „Detektiven". Wer findet den Gegenstand? (s. Rückseite)

Varianten:

- den Gegenstand in das Schulhaus oder auf das Schulgelände legen und die Gegenstandsbeschreibung mit einer Wegbeschreibung ergänzen
- Detektive dürfen eine bestimmte Anzahl von Zusatzfragen stellen (nur Antworten mit ja/nein möglich oder pantomimisches Darstellen des Gegenstandes).

Beispiele:

Der Gegenstand, ein Werkzeug, ist sehr vielfältig einsetzbar, z. B. beim Basteln, Nähen, in Kosmetik und Gastronomie oder einfach so im Alltag für kleine Aufgaben. Der gesuchte Gegenstand kann aus Metall oder auch Plastik bestehen, meistens sind die Griffe von einer Plasteschicht überzogen. Die oberen Enden, meist aus Metall, sind an den Innenseiten sehr scharf und man muss aufpassen, dass man sich nicht verletzt. Die Griffe laufen in Rundungen aus, durch welche man Daumen und Zeigefinger stecken kann, um das Werkzeug richtig zu handhaben. Die Größe ist sehr unterschiedlich, je nach Zweck und Einsatzgebiet. Die Hauptaufgabe besteht im Trennen, Ablösen, Zerlegen, Schneiden (die Schere).

Ein anderer Gegenstand wird hauptsächlich in der Freizeit eingesetzt, aber auch im Sportunterricht und anderen Fächern sehr gern verwendet. Er besteht aus unterschiedlichen Materialien, hauptsächlich Plaste und Metall. Auch die Größe des Gegenstandes ist sehr verschieden, weil er ganz unterschiedlichen individuellen Ansprüchen gerecht werden muss. Er findet Einsatz im informativen Bereich, wozu ein elektronischer Anschluss bzw. Batterien notwendig sind. Für diesen Gegenstand gibt es zahlreiche Zusatzgeräte, jedoch kann man ihn auch sehr kompakt und in einer leicht transportablen Größe erhalten. Auf ihm können unterschiedliche Tonträger abgespielt werden, wozu man meistens eine komplizierte Gebrauchsanweisung lesen muss, um alle Funktionen korrekt einzustellen und alle Knöpfe richtig zu bedienen. (Stereoanlage)
(Hellermann)

Thema: **Gebrauchsformen sprachlicher Darstellung**

1.9 Memory

Ort: Unterrichtsraum
Material: -

Beschreibung: Während die Schüler durch den Raum gehen, versuchen sie sich möglichst viele Details der Kleidung ihrer Mitschüler einzuprägen. Nach einer festgelegten Zeit findet sich die Klasse im Außenstirnkreis zusammen. Ein Schüler wird vom Spielleiter über die Kleidung eines anderen Schülers befragt. Für jedes richtig erkannte Merkmal erhält er einen Punkt. Bei einer falschen Antwort ist der nächste Spieler an der Reihe.

Variante: Bilder/Poster beschreiben, die sich im Schulflur oder auf dem Pausenplatz befinden

Memory zu unterschiedlichen Themen

Immer zwei Schüler erhalten die gleiche Memorykarte und gehen durch den Raum. Zwei Schüler verlassen kurz das Zimmer. Wieder hereingeholt, rufen sie abwechselnd zwei Schüler auf, die jeweils ihre Kartenaussage vorlesen. Ist zweimal die gleiche Aussage zu hören, dann ist das Paar entdeckt und geht zu demjenigen, der sie „entdeckt hat". Wer ein Paar gefunden hat, darf noch einmal zwei Schüler aufrufen. Wer findet die meisten Kartenpaare? (Kschamer, 2016)

Beispiel für Memorykarten zu Gesprächsregeln (einsetzbar bei unterschiedlichen Unterrichtsthemen)

Ich lasse den Anderen ausreden.	Ich lasse den Anderen ausreden.
Ich höre aufmerksam zu.	Ich höre aufmerksam zu.
Ich knüpfe an das Vorausgehende an.	Ich knüpfe an das Vorausgehende an.
Ich argumentiere.	Ich argumentiere.
Ich benutze Höflichkeitsfloskeln.	Ich benutze Höflichkeitsfloskeln.
Ich halte Augenkontakt.	Ich halte Augenkontakt.
Ich bewerte Aussagen nicht.	Ich bewerte Aussagen nicht.
Ich bleibe sachlich.	Ich bleibe sachlich.

Thema: **Gebrauchsformen sprachlicher Darstellung**

1.10 Sportreporter

Ort: Unterrichtsraum, Schulgelände
Material: -

Beschreibung: In Kleingruppen wird ein Bericht über eine (fiktive) Sportveranstaltung vorbereitet. Ein „Sportreporter" trägt das Ausgearbeitete vor. Die Mitspieler stellen das Geschehen pantomimisch dar. Zum Abschluss können die Ergebnisse vor den anderen Gruppen präsentiert werden.

Varianten:

- paarweise einen Wettkampf darstellen, Mitspieler erraten den Inhalt
- Rahmenthema verändern, z. B. Beobachtungen auf dem Pausenhof oder einem Spielplatz
- weitere mögliche Themen: Unfall, Streit, Filmsequenz, …
- für die Überprüfung der Folgerichtigkeit Verlaufsprotokolle anfertigen

Thema: **Gebrauchsformen sprachlicher Darstellung**

1.11 Mit geschlossenen Augen

Ort: Unterrichtsraum
Material: evtl. Tücher

Beschreibung: Mit geschlossenen oder verbundenen Augen soll je ein Schüler einen zuvor in den Kleingruppen abgesprochenen Weg durch das Zimmer zurücklegen und anschließend seine Wahrnehmungen und Empfindungen äußern. Die Mitschüler verhindern einen Unfall.

Varianten:

- Der Schüler führt vor dem Ertasten des Weges noch drei Drehungen aus.
- Ein Mitschüler kann durch Richtungsansage unterstützen (geradeaus, links usw.) bzw. durch Tippen zum Richtungswechsel auf linke oder rechte Schulter.
- Gegenstände werden unter einem Tuch ertastet und beschrieben.
- Einzelne Buchstaben oder Wörter werden mit dem Finger auf den Rücken eines Mitschülers „geschrieben“ und benannt.
- Fotoapparat und Fotograf (s. Rückseite)

Fotoapparat und Fotograf:

Die Schüler bewegen sich zu zweit durch den Raum. Je ein Schüler schließt die Augen und bekommt durch leichte Berührungen an der Schulter die Bewegungsrichtung angezeigt. Durch ein leichtes Tippen auf den Kopf öffnet der Schüler (der Fotoapparat) die Augen und nimmt ein Foto auf. Insgesamt werden fünf Bilder erstellt. Anschließend beschreibt der Fotoapparat dem Fotografen die Bilder.
(Baseler, 2014, S. 45)

Ich war ein ....

Eine bestimmte Körperhaltung wird eingenommen (Grätsche und Kopf nach unten hängen lassen, sich zusammenrollen, sich mit angezogenen Beinen auf den Stuhl setzen ...). Mit geschlossenen Augen stellen sich die Schüler vor, sie wären ein Tier, eine andere Person, ein Gegenstand u. Ä. Nach einer kurzen Zeit begeben sie sich wieder in ihre „Ausgangsposition" zurück und beschreiben, wie sie sich gefühlt haben. (Kschamer, 2016)

Thema: **Gebrauchsformen sprachlicher Darstellung**

1.12 Raumgefühl

Ort: Unterrichtsraum
Material: -

Beschreibung: Die Schüler setzen sich auf verschiedene Plätze im Zimmer und lassen auf sich den Raum wirken. Anschließend schildern sie, warum sie an bestimmten Stellen im Raum gern bzw. nicht gern sitzen (unabhängig von den Mitschülern).

Varianten:

- vergrößern oder verkleinern der Bewegungsfläche (Engegefühl…)
- evtl. in Verbindung mit dem Fach Sport, schildern der Gefühle beim Klettern an den Kletterstangen, beim Ausdauerlauf o. a.

Wahrnehmungsprotokoll (Kl. 8)

Die Schüler begeben sich mit dem Arbeitsauftrag für eine bestimmte Zeit selbstständig ins Freigelände. Dort schließen sie, wenn nötig, die Augen und achten nur darauf, was sie riechen oder hören. Anschließend halten sie ihre Empfindungen stichpunktartig fest, um später daraus ein Protokoll zu formulieren.

Varianten:

- Ein Hörspaziergang wird unternommen.
- Was gehört oder gerochen wird, kann zu einer Fantasiegeschichte ausformuliert werden.
- Besondere Ereignisse, an die Interviewpartner erinnern (Familie, Freunde, Mitschüler), können „weiterverarbeitet" werden.

1 Sprechen und Hören

Klasse: 6-8

Thema: **Gebrauchsformen sprachlicher Darstellung**

1.13 Wahrnehmungsschulung

Ort: Unterrichtsraum
Material: unterschiedliche Gegenstände

Beschreibung: Mit verbundenen Augen werden Gegenstände ertastet und beschrieben. Dabei sollen die Schüler Gefühle und Gedanken äußern.

Varianten:

- schuluntypische Gegenstände ertasten
- Dinge in dunklen Kästen ertasten und erraten
- Mitschüler mit Kochlöffel abtasten und raten, wer es ist
- sich Bewegungs- und Körpererfahrungen bewusst machen und verbalisieren (s. Rückseite)

Situationen für Bewegungs- und Körpererfahrungen

Pendel: Ein Schüler spannt sich fest an. Er steht zwischen zwei Mitspielern und wird vorsichtig an den Schultern hin und her geschoben.

Spiegelbild: Ein Schüler macht Bewegungsformen vor, der andere ahmt diese als „Spiegelbild" nach.

Im Dunkeln: Ein Kind schließt die Augen und wird von seinem Partner durch den Raum geführt (Handfassung, Schulterfassung, Schulterfassung des „Blinden" bei seinem Vordermann).

Gleichgewicht: Jeder Schüler führt drei Drehungen aus und versucht dann möglichst lang auf einem Bein zu stehen. Eine weitere Übung wäre Einbeinstand mit geschlossenen Augen.

Nach allen Spielformen können die Gefühle und Gedanken, die man dabei empfunden hat, ausgetauscht werden.

Thema: **Gebrauchsformen sprachlicher Darstellung**

1.14 Vier-Ecken-Spiel

Ort: Unterrichtsraum
Material: Karten mit unterschiedlichen Standpunkten

Beschreibung: Die vier Zimmerecken kennzeichnen unterschiedliche Standpunkte zu einem Sachverhalt (... finde ich richtig, weil ..., ... finde ich falsch, weil ...). Die Schüler wählen eine Ecke (Standpunkt) aus, mit dem sie sich am ehesten identifizieren können. Beim gemeinsamen Erörtern bilden und vertiefen sie ihren Standpunkt, prüfen ihn aber auch kritisch.

Varianten:

- Die Gruppen mischen sich und diskutieren ihre Standpunkte.
- In den Ecken liegen verschiedene Zitate zu einem Sachverhalt. Je nachdem, mit welchem sich die Schüler am meisten identifizieren können, finden sie sich ein.
- Evtl. diese Form vor Kurzarbeiten einsetzen, z. B. kann in jeder Ecke Wissen zu unterschiedlichen Werken von Klassikern noch einmal kurz erweitert und gefestigt werden.

Weitere Varianten:

Die Schüler schreiben auf (farbige) Blätter folgende Teile von Sätzen und verteilen diese im Raum:

- ... finde ich gut, weil ...
- ... finde ich schlecht, weil ...
- Es gibt Vor- und Nachteile zu bedenken:
- Das interessiert mich, weil ...
- Das interessiert mich nicht, weil ...

Die Lehrkraft gibt ein Thema vor, das sie an die Tafel schreibt, damit die Schüler es immer wieder lesen können:

- Sollten Drogen verboten oder legalisiert werden?
- Bedeutet Geld Lebensqualität?
- Hat die Mehrheit immer recht?
- Fernsehen oder Lesen?
- Urlaub in Deutschland oder im Ausland?

Die Schüler diskutieren beim Gehen im Raum 15 Minuten und formulieren dann ihre Meinungen schriftlich. Nach dem Vorlesen vor der Klasse kann eine neue Diskussion stattfinden. Die Argumente können nach Pro und Kontra an der Tafel gegenübergestellt werden.
(Baseler, 2015)

Thema: **Gebrauchsformen sprachlicher Darstellung**

1.15 Podiumsdiskussion

Ort: Unterrichtsraum
Material: -

Beschreibung: Gruppenarbeit:
Schriftlich vorbereitend werden zu einem Sachverhalt von jedem Schüler Pro- und Kontrameinungen aus unterschiedlichen Perspektiven gesammelt (z. B. zur Notwendigkeit von drei Sportstunden aus Sicht der Schüler, Eltern, Ministerien, Sportverbände). Ein Teil der Gruppe gestaltet eine Podiumsdiskussion als Rollenspiel. Die „Zuhörer" drücken durch ihre Körperhaltung bzw. Körperbewegung Zustimmung oder Ablehnung aus (näher herangehen, sich entfernen).

Varianten:

- andere Diskussionsthemen wählen
- in Vorbereitung für Erörterungen nutzen, Gesprächsprotokolle erstellen lassen
- Bewegungsformen ändern
- weitere Variante (s. Rückseite)

Weitere Variante:

Anwendbar ist diese Methode auch, wenn ein Sprecher oder eine Sprechergruppe die Gegenpartei zu überzeugen versucht. Die beiden „Streitenden“ stehen einander gegenüber und müssen per Argumentation versuchen, das Gegenüber auf die eigene Seite zu holen. Wenn ein Argument überzeugt, geht der gegenüber Stehende zwei Schritte vor, bei Ablehnung wieder einen Schritt zurück und so weiter. Ziel ist es dabei, den Kontrahenten auf die eigene Seite zu lotsen. (Kschamer, 2016)

Thema: **Arbeit mit Medien**

1.16 Imitator

Ort: Unterrichtsraum
Material: -

Beschreibung: Jeder Schüler hat (evtl. in Kleingruppen) die Aufgabe, eine bekannte Gestalt aus dem öffentlichen Leben erst pantomimisch und dann in Verbindung mit entsprechenden Sprechtexten nachzuspielen. Erkennen die anderen Schüler die Figur? Wie beurteilen sie die Wirkung?

Varianten:
- evtl. Kleidung entsprechend verändern
- bekannte Persönlichkeiten aus dem öffentlichen Leben (z. B. aus den Bereichen Sport, Kunst und Kultur) gestisch, per typischem Habitus, und mittels bekannter Zitate darstellen

Thema: **Arbeit mit Medien**

1.17 Straßeninterview

Ort: Unterrichtsraum, Schulhaus
Material: -

Beschreibung: Die Schüler bilden Kleingruppen. Sie spielen Menschen, die geschäftig durch die Einkaufsstraße eilen. Ein Mitschüler versucht als Reporter sich an diese Gruppe anzuschließen und Informationen zu erlangen. Er stellt anschließend die Ergebnisse seines Interviews dar. Die Fragen könnten sich auf aktuelle Ereignisse, das Verkaufsangebot, die Umweltproblematik u. a. beziehen.

Varianten:

- Die Schüler erfragen gegenseitig ihr Medienverhalten und stellen lernbereichsübergreifende Statistiken und Diagramme beispielsweise über Fernsehkonsum oder Internetnutzung auf. (s. Rückseite)
- In ein Sportstadion eilende Zuschauer werden nach ihren Erwartungen befragt.
- Nach einer Kinoerstaufführung werden die Besucher um ihre Meinung gebeten.

Beispiele für Balken- und Kreisdiagramme

Medienverhalten bei Jugendlichen (2015)

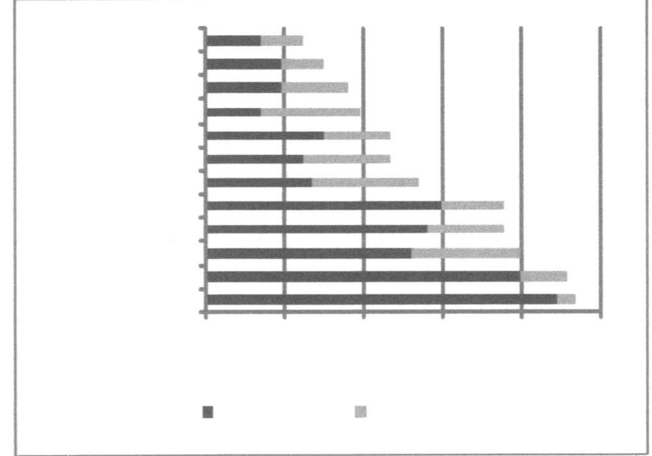

Quelle: http://de.statista.com/statistik/daten/studie/29153/umfrage/mediennutzung-durch-jugendliche-in-der-freizeit

Lieblingssender der Jugendlichen (in %)

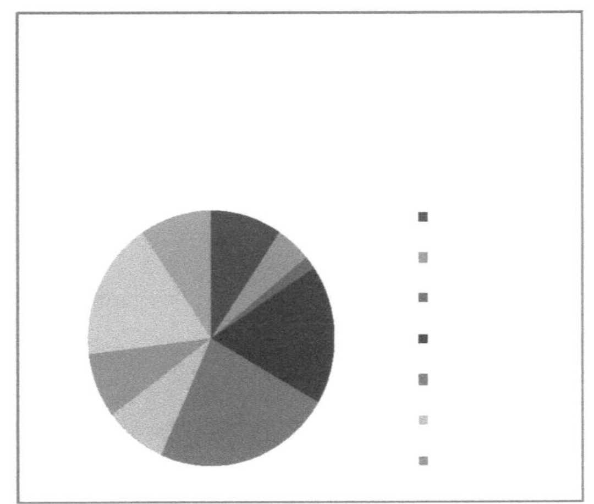

http://www.scheffel.og.bw.schule.de/faecher/deutsch/Zeitungsprojekt_9c_0708/Zeitschriftenprojekt_9b_Umfrage_Medienverhalten.pdf

Thema: **Arbeit mit Medien**

1.18 Werbespots

Ort: Unterrichtsraum
Material: -

Beschreibung: In Kleingruppen werden Werbespots nachgespielt. Anschließend sollten die Gruppen versuchen selbst kleine Werbespots zu gestalten. Die Mitschüler finden heraus, wofür geworben wird. Sie schätzen ein, ob die Spots überzeugend sind und begründen ihre Meinung.

Varianten:

- vorher Merkmale von „guter" Werbung erarbeiten und an der Tafel notieren (s. Rückseite)
- Werbespots mit Video aufzeichnen (als Aufgabe außerhalb der Schule)
- Werbespots mit Musik und Pantomime verbinden
- Radiowerbung gestalten

Folgende Merkmale „guter“ Werbung können an der Tafel stehen:

Werbung sollte:

- auffallend und unverwechselbar sein; Wiedererkennungswert besitzen
- dem Betrachter in Erinnerung bleiben
- leicht verständlich sein
- das beworbene Produkt in den Mittelpunkt stellen; zur Marke passen
- die Merkmale des Produkts hervorheben und die gute Qualität begründen
- den Kaufwunsch wecken
  (Baseler, 2014, S. 46)

1 Sprechen und Hören

Klasse: 5-10/12

Thema: **Erforschen von Sprachkulturräumen**

1.19 Sprachkultur

Ort: außerhalb des Unterrichtsraumes
Material: Kameras, Fotoapparate, Schreibzeug

Beschreibung: Die Schüler bereiten zum Unterrichtsthema Fragen vor (Beispiele s. Rückseite), zu denen die Antworten auf Unterrichtsgängen gefunden werden sollen. Die Problemstellungen sind praxisnah und an Berufsfeldern, in denen Sprache im Mittelpunkt steht, orientiert. Die gesammelten Antworten können verschieden bearbeitet und präsentiert werden (Video, Collage, Vortrag, gestalterische Darstellung).

Varianten:

- Besuch von Kino-, Theatervorstellungen
- Besuch von Museen/Orten, in denen Schriftsteller und ihre Werke Thema sind
- Besuch von Bibliotheken, Buchmessen, Lesungen u. a.
- Besuch von Fernseh- und Rundfunkanstalten

Beispiele:

1. Welche unterschiedlichen Formen von Gesprächen gibt es in der Schule? Wodurch unterscheiden sich die Fächer hinsichtlich der Verwendung bestimmter Sprachhandlungen (Vortrag, Diskussion, Auswerten/Zusammenfassen)? Welche Sprachfertigkeiten müssen die Pädagogen und Angestellten (Lehrer, Sekretärinnen, Direktor) der Schule besitzen?
2. Wie wird im Radio gearbeitet? Welche Rolle spielen Sprache und Sprechen für einen Moderator? Wie bereitet er sich auf eine Sendung vor? Worauf muss er achten?
3. Was weiß ein „Sprachprofessor“? Womit beschäftigt er sich? Was sind die Ergebnisse von Sprachwissenschaften? (Klasse 11-12)
4. Wie gehen Schauspieler/Regisseure mit literarischen Texten um? Wie kann man Wirkungen durch verschiedenartiges Sprechen erzeugen? Welche Sprachübungen machen Schauspieler?
5. Wie arbeiten „Sprachprodukteure“ (Werbetexter, Reporter, Journalisten u. a.)? Nach welchen Regeln können sie neue Wortformen bilden?
6. Welches Verhältnis haben Autoren zu Sprache? Was bereitet ihnen beim Umgang mit Worten Vergnügen, wo stellen sich ihnen Probleme?

2 Schreiben

Klasse: 5-6

Thema: **Alltagssituationen**

2.1 Text-Orientierungslauf

Ort: Schulgelände
Material: Orientierungslauf-Posten

Beschreibung: Arbeit in Kleingruppen:
Für jede Gruppe wird ein Text-Orientierungslauf vorbereitet. Dazu wird ein literarischer Text zerschnitten, als Posten im Schulgelände ausgelegt und jeweils mit einer exakten Wegbeschreibung zur nächsten Station versehen. Finden alle Gruppen die Textteile und fügen sie richtig zusammen?

Varianten:
- Texte erneut auslegen, Gruppenwechsel
- weitere Varianten (s. Rückseite)
- Möglichkeit für Unterricht im „grünen" Klassenzimmer

Beispiele für Orientierungslauf-Varianten

Zur Vorübung: Puzzle-OL

- Textabschnitte/Strophen eines Gedichts in verschiedenen Farben, Zeilen zerschneiden und unter vier Hütchen verteilen, jeder Kleingruppe wird eine Farbe zugeteilt
- Einer der Schüler läuft zu einem von vier Hütchen, hebt es hoch und deckt den ersten Zettel auf.
- Entspricht der Textabschnitt der zugeteilten Farbe, darf der Spieler sie mitnehmen, sonst muss er sie wieder verdecken.
- Zurück am Start angekommen, darf das nächste Hütchen angelaufen werden.
- Ziel ist es, alle Textzeilen der eigenen Farbe zu sammeln und in eine sinnvolle Reihenfolge zu bringen.

Für Fortgeschrittene: Foto-OL

- Verschiedene markante Posten des Schulgeländes werden fotografiert (Schultor, Eingang, Baum, Sprunggrube, Briefkasten o. Ä.) und auf „Postkarten“ nummeriert ausgedruckt.
- Die Posten müssen gefunden und angelaufen werden, dort hängt ein Textabschnitt/Strophe eines Gedichts, welche/r eingesammelt, abgeschrieben sowie auswendig gelernt werden muss.
- Ziel ist es, den Textabschnitt in sinnvoller Reihenfolge vorzulesen/vorzutragen.
  (Arnold, 2016)

2 Schreiben

Klasse: 5-6

Thema: **Alltagssituationen**

2.2 Beobachten von Menschen

Ort: Unterrichtsraum bzw. Schulumgebung
Material: Schreibzeug

Beschreibung: Die Schüler schauen paarweise oder in Gruppen aus dem Fenster und beobachten Menschen auf der Straße. Sie überlegen sich ein Gespräch zu der beobachteten Situation und stellen diese nach. Danach versuchen sie die Situation inhalts- und stilgemäß nach eigenem Ermessen fortzusetzen. (Stiefel, 2001, S. 36)

Varianten:

- s. Rückseite
- Bilder mit Personen in unterschiedlichen Situationen oder Standbilder durch Schüler einsetzen
- erst Gespräch ausdenken, dann spielen
- passendes Video- oder Tonmaterial (als Schülerauftrag) finden

Variante:

Im Freien beobachten die Schüler unaufdringlich die Situationen und erfassen das Gesprächsthema. Sie schreiben die Gespräche nieder und versuchen u. a. Dialekte und Eigenarten der Sprache aufzufassen. Die Zettel werden anschließend auf Tische verteilt und gruppenweise wird ein Zettel gezogen. Das Gespräch soll nun nachgestellt werden (besonders Wert darauf legen, dass Mimik und Gestik zu Dialektik und Eigenart der Sprache passen).
Diese Variante kann in Verbindung mit einem Unterrichtsgang zu einem anderen Thema durchgeführt werden.

Klasse: 5-6

Thema: **Gebrauchsformen sprachlicher Darstellungen**

2.3 Spielanleitung

Ort: Unterrichtsraum
Material: entsprechend des Spieles

Beschreibung: Kleingruppen probieren Pausenspiele aus und wählen ihr „Lieblingsspiel". Zu diesem fertigen sie eine Spielanleitung an (s. Rückseite). Die anderen Gruppen versuchen, ob sie mit den Spielanleitungen zur Durchführung befähigt sind und ergänzen eventuell.

Varianten:

- Spielanleitungen für andere Schüler im Schulhaus aushängen
- einen sportlichen Bewegungsablauf beschreiben (Handstand, Hüft-Aufschwung o. Ä.)

Hilfestellung für eine Spielanleitung

1. Vorbereitung:
   - Anzahl der Mitspieler
   - Spielmaterial, Spielfeld
   - Aufstellung

2. Spielverlauf:
   - Ziel des Spiels, Wertung
   - Beginn
   - Aufgabe der Mitspieler
   - Regeln, Besonderheiten

3. Spielende oder Ergebnis:
   - Schluss
   - (evtl.) Sieger
   - weitere Varianten

Spielbeschreibungen können nachgelesen werden in:

Petzold, R. (2010). *Spiele vor der Haustür* (4. Aufl.). Dresden: Sächsisches Staatsministerium für Soziales. Zugriff am 22. Februar 2016 unter https://publikationen.sachsen.de/bdb/artikel/11867

SMK (Sächsisches Staatsministerium für Kultus). (Hrsg.). (2014) *Spiel & Spass.* Dresden: SMK. Zugriff am 9. August 2015 unter https://publikationen.sachsen.de/bdb/artikel/22796

Thema: **Gebrauchsformen sprachlicher Darstellungen**

2.4 Gesucht - gefunden

Ort: Unterrichtsraum
Material: Wortkarten

Beschreibung: Die Wortkarten werden im Zimmer verteilt. Die Schüler gehen zu einer Karte, prägen sich das Wort ein und schreiben es ins Heft. Danach suchen sie das Wort im Wörterverzeichnis und notieren verwandte Wörter.

Varianten:

- das darüber- und darunterliegende Wort aufschreiben
- Fremdwörter im Fremdwörterbuch aufsuchen
- Bedeutung (Fremdwörter) erklären

Beispiele für Wortkarten mit Wörtern mit den Suffixen:

-är, -ier, -ismus, -ist, -istisch, -tät, -tion

Nation, Organismus, realistisch, Pietät, Veterinär, Addition, Aktualität, Auktion, Botanik, Chauffeur, Deflation, Immunität, Delegation, Sekretär, Detonation, Etage, Föderalismus, Jargon, Kommunismus, Passagier, Optimist, Präsens, Qualität, rassistisch, Substantiv, Florist, Zwist, Motivation

2 Schreiben

Klasse: 5-8

Thema: **Gebrauchsformen sprachlicher Darstellung**

2.5 Sprichwörter

Ort: Unterrichtsraum
Material: Karteikarten mit Teilen von Sprichwörtern

Beschreibung: Einzelbestandteile verschiedener Sprichwörter liegen im Raum verteilt. Die Schüler puzzeln sie zusammen und übertragen sie in ihre Hefte. (Beispiele s. Rückseite)

Sprichwörter

Eine Krähe hackt der anderen kein Auge aus.
Morgenstund hat Gold im Mund.
Man soll den Tag nicht vor dem Abend loben.
Frisch gewagt, ist halb gewonnen.
Schuster, bleib bei deinem Leisten.
Was man nicht im Kopf hat, hat man in den Beinen.
In der Not frisst der Teufel Fliegen.
Nichts wird so heiß gegessen, wie es gekocht wird.
So wie man in den Wald hineinruft, schallt es zurück.
Wer anderen eine Grube gräbt, fällt selbst hinein.
Der Lauscher an der Wand hört seine eigene Schand.
Ist die Katze aus dem Haus, tanzen die Mäuse auf dem Tisch.
Wer den Pfennig nicht ehrt, ist den Taler nicht wert.
Was Hans nicht lernt, lernt Hänschen nimmer mehr.
Lügen haben kurze Beine.
Lieber den Spatz in der Hand, als die Taube auf dem Dach.
Unter den Blinden ist der Einäugige König.
Man kann das Leben nur rückwärts verstehen, aber man muss es vorwärts leben. (Sören Kierkegaard)
Der einzige Weg, einen Freund zu haben, ist selbst ein Freund zu sein.
Man sieht nur mit dem Herzen gut. Das Wesentliche bleibt den Augen verborgen. (Antoine de Saint-Exupery)

Redewendungen

Mach mal halblang!
Zieh Leine!
Mach dir keinen Kopf!
Ich mach dir Beine!
Hunde, die bellen, beißen nicht!
Wie gewonnen, so zerronnen.
Was sich neckt, das liebt sich.
den Kopf in den Sand stecken
den Futterkorb hoch hängen
jemanden über die Klinge springen lassen
neben der Spur sein
nicht mehr alle Tassen im Schrank haben
vor die Hunde gehen

Thema: **Gebrauchsformen sprachlicher Darstellung**

2.6 Was gehört zusammen?

Ort: Unterrichtsraum
Material: Wörterkarten

Beschreibung: Jeder schreibt ein Sprichwort auf und zerschneidet dieses. Dann werden die Wortkarten verdeckt auf einen Tisch gelegt. Jeder Schüler zieht eine Karte und findet beim Gehen durch den Raum den entsprechenden Partner. Nach dem erneuten Mischen kann das Spiel wiederholt werden. Beispiele: Zugriff am 25. Oktober 2014 unter http://www.sprichwoerter-redewendungen.de

Varianten:

- Sprichwörter pantomimisch darstellen
- Sprichwörter/Redensarten und deren Bedeutung zuordnen, „Feuer und Flamme sein“ = für etwas begeistert sein (s. Rückseite und Arbeitsblatt 2)
- Endungen von Wörtern abschneiden, mischen und wieder zuordnen
- Sprichwörter zeichnen und der Textfassung zuordnen, z. B. „Einem geschenkten Gaul, guckt man nicht ins Maul“.

Sprichwort/Redewendung	**Bedeutung**
etwas durch die Blume sagen	das vorsichtige, umschreibende und freundliche Üben von Kritik
Was du heute kannst besorgen, das verschiebe nicht auf morgen.	notwendige, wichtige Aufgaben sollten gleich erledigt werden
den Kopf in den Sand stecken	aufgeben; wegschauen, etwas leugnen
ins Fettnäpfchen treten	es mit jemandem verderben durch ungeschicktes Verhalten oder eine unbedachte Äußerung
Es ist nicht alles Gold, was glänzt.	der äußere Schein trügt; etwas wird nicht gehalten, wie es versprochen wurde
auf Wolke 7 schweben	verliebt sein; in Hochstimmung, sehr glücklich sein
der springende Punkt	das Wesentliche, der Kern einer Sache
Wer anderen eine Grube gräbt, fällt selbst hinein.	die bestehende Gefahr, sich selbst zu schaden, wenn man andere hereinlegen will; Warnung vor verwerflichem Handeln

(Baseler, 2014, S. 47)

2 Schreiben

Klasse: 5-7

Thema: **Gebrauchsformen sprachlicher Darstellung**

2.7 Bildergeschichte

Ort: Unterrichtsraum, Flur
Material: verschiedene Bilder

Beschreibung: Im Unterrichtsraum hängen verteilt verschiedene Bilder (Beispiele s. Rückseite) oder Comics aus. Die Schüler gehen paarweise durch den Raum und wählen beliebig ein Bild aus. Ein Schüler erzählt seinem Partner eine zum Bild passende Geschichte. Beim nächsten Bild ist sein Partner an der Reihe. (Baseler, 2014, S. 48)

Varianten:

- Jeder Schüler sucht sich ein Bild aus und schreibt dazu eine eigene Geschichte. Anschließend werden die Geschichten untereinander ausgetauscht und der Partner versucht, der Geschichte das richtige Bild zuzuordnen.
- Einzelne Bilder einer Bildergeschichte werden im Zimmer verteilt. Die Schüler gehen zu einem Bild, betrachten es genau und schreiben den ersten Teil der Geschichte ins Heft. Danach gehen sie zum nächsten Bild bis die Geschichte fertig ist.

Viele tolle Ideen in: Wildi, H. & Lindner-Köhler, P. (1997). Der Volltreffer. 20 Bildgeschichten zum Schmunzeln.

Thema: **Orthografie**

2.8 Richtig oder falsch?

Ort: Unterrichtsraum
Material: -

Beschreibung: Die Schüler gehen durch den Raum. Der Spielleiter nennt verschiedene Wörter mit langem Vokal. Wenn die Schüler meinen, dass sie mit aa, ee oder oo geschrieben werden, klatschen sie in die Hände. Sind sie der Meinung, dass die Wörter anders geschrieben werden, winken sie mit beiden Armen ab. Die richtige Schreibweise sollte an der Tafel festgehalten werden.

Varianten:
- Rechtschreibschwerpunkte variieren, z. B. ck - k - x - ch, z - tz
- weitere Beispiele s. Rückseite

Wortmaterial zu aa:
Aal, Klage, Saat, Wagen, Waage, Bad, gar, Qual, Haar, Aas, Gas, mager, Frage, Saal, Paar, Tal, Sage, Saat, Schlag, Staat, Bahre, Ware, Fahren, Fakir

Wortmaterial zu ee:
Allee, Beere, Spekulant, Melone, Tee, Kaffee, Melodie, Meter, leer, Lehrer, See, Rebe, Ratgeber, Teer, Beet, Predigt, Tibet, Heer, Klee, Meer, Umgebung, Schnee, fegen, Seele

Wortmaterial zu oo:
Boot, Donau, Moor, doof, Brot, Floh, Zoo, Not, Moos, Lob, Roboter, Klo

Wortmaterial zu ch, ck, k, x:
Klecks, Hexe, zwicken, maximal, Gewächs, zuckeln, Wechsel, Zucker, Dachs, Fuchs, Luchs, mucksmäuschenstill, Echse

Wortmaterial zu tz, z:
hetzen, Klotz, heizen, beizen, reizen, wetzen, ritzen, schnitzen, Witz, Schlitz, Rehkitz, ätzend

2 Schreiben

Klasse: 5-6

Thema: **Orthografie**

2.9 s – ß – ss?

Ort: Unterrichtsraum
Material: -

Beschreibung: Der Spielleiter nennt Wörter mit s-Lauten. Je nach der entsprechenden Schreibweise führen die Schüler z. B. folgende Bewegungen aus: s – sitzen, ß – Streckstand, ss - Drehungen

Varianten:

- Wörter mit s-Lauten in einen Text einkleiden und langsam vorlesen (Beispiele s. Rückseite)
- Bewegungen variieren, z. B. s – schnell auf einen Tisch oder Stuhl setzen, ß – unter einen Tisch kriechen, ss – mit einem Partner zusammenkommen
- aufstehen und Farbkarten hoch halten, z. B.:
  s - gelb, ß - schwarz, ss - rot
- Wörter mit f – v – ph, i – ie – ich – ieh, x – cks – chs – ks – gs

Beispiele für geeignete Wörter:

der Fuß, der Bass, das Los, das Floß, der Fluss, die Straße, der Hals, der Hase, der Hass, die Kosten, „Lass das!“, „Jetzt geht´s los!“, wir lasen, das Fass, der Fraß, anfassen, die Phase, die Soße, der Kloß, das Fest, die Masse, die Maße, die Blase, die Blässe, die Meise, das Beste, auf leisen Sohlen, das Wasser, die Lust, das Misstrauen, die Adresse, süß, der Kuss, Asien, Russland

Fressbert Dickbauch

Was er aus tiefster Brust *hasste*, war das *Fasten*. Ohne Pause *musste* er alles in sich *hineinfressen*. Am allerliebsten *fraß* er *schüsselweise Milchreis* mit *Essigsoße* und *saß* dabei auf dem *Sessel*. Ohne *Essen* wurde ihm alles zu *stressig*. *Beißender* Hunger *zerfraß* dann seine Eingeweide. Wenn *Fressbert* länger als fünf Minuten nichts *aß*, war *Schluss* mit *lustig*. Dann wurde er *gehässig* und hatte zu nichts *Lust*. Durch das *maßlose Fressen* waren schon alle seine Hosen *eingerissen*, doch sein Bauch wuchs weiter und weiter. Gute Vorsätze waren da sinnlos, denn der *Genuss* in *Massen* – nicht in *Maßen* – ging ihm über alles. Der *Wust* in seinem Dickbauch war *scheußlich*: *Käse* neben *Eis*, *Gemüse* mit *Grießbrei*, *Essigsoße* und *süße Wassermelonen*. *Dosenbier* und *Ananas*, *Brausepulver*, *Esspapier* bildeten Gang Nummer vier. Zu *Fressberts allergrößtem Verdruss* aber ist gerade *Küchenschluss*.
Ihm schmerzt der Bauch und kneift der Magen, doch „Danke, ich habe genug!“, hörst du ihn niemals sagen. Nach einem Rülpser oder zwei´n, geht auch Gang fünf noch rein.
(in Anlehnung an www.thomasmeisen.de/deutsch/Klasse-5/)

Thema: **Orthografie**

2.10 Das oder dass?

Ort: Unterrichtsraum
Material: -

Beschreibung: Der Unterrichtsraum wird in eine „das“, eine „dass“ und eine „neutrale“ Zone geteilt. Der Lehrer nennt Sätze, Wortgruppen oder erzählt eine Geschichte (s. Rückseite Beispieltext 1), in der/denen möglichst oft das(s) vorkommt. Bei jedem das(s) müssen sich die Schüler aus der neutralen Zone heraus für die entsprechende Seite entscheiden.

Varianten:

- Der jeweils Erste, der sich richtig entschieden hat, bekommt einen Punkt.
- In einem kleinen Raum können auch Bewegungsformen am Platz gewählt werden (z. B. dass – Streckstand, das – Hockstand)

Den Schülern sollte ermöglicht werden, die korrekte Schreibung von „das“ eindeutig aus dem grammatischen Kontext zu erschließen. Deshalb sind klare Sätze bzw. Wortgruppen auszuwählen:

Beispieltext 1:
Gestern fand *das* Sportfest an unserer Schule statt. *Das* hat uns allen riesigen Spaß gemacht. Besonders *das* Tauziehen ist unsere Lieblingsdisziplin. Ein Tau war sehr lang, so lang, *dass* es kaum in unsere Turnhalle passte. *Das* Fußballturnier haben wir leider verloren. Wir glauben aber nicht, *dass* uns so was im nächsten Jahr noch mal passiert. Unser Sportlehrer wird mit uns üben, *das* hat er uns versprochen.

Beispieltext 2:
Es war einmal ein kleines Komma, *das* als Punkt geboren worden ist. In seiner Kindheit, als es noch ein Punkt war, durfte es immer nur am Ende des Satzes stehen, so *dass* es sehr traurig war. Denn am Ende des Satzes war es sehr langweilig, weil alles schon gesagt war. *Das* konnte so nicht weitergehen beschloss *das* Komma, *das* damals noch ein Punkt war und wurde größer. *Das* Komma wuchs und wuchs, so *dass* es jetzt als Komma schon im Satz stehen konnte. Dort trennte es Hauptsätze von Hauptsätzen und Hauptsätze von Nebensätzen. *Das* war eine sehr spannende Zeit, bis die neue Rechtschreibung kam und viele Kommas wegfielen. *Das* Komma wurde arbeitslos, weil es zu viele Kommas gab und zu wenig freie Plätze. Weil *das* so war, beschloss *das* Komma wieder zu wachsen und wurde zu Zahl 1. *Das* ist ein Leben, freute sich *das* Komma, *das* jetzt eine 1 ist und wollte für immer eine 1 bleiben, es sei denn, es kommt irgendwann eine neue Zahlenreform. (Kschamer, 2004, S. 117)

Thema: **Orthografie**

2.11 Wörter auf -ig, -lich und -isch

Ort: Unterrichtsraum
Material: Wortkarten

Beschreibung: Wörter auf -ig, -lich und -isch werden in ihren Wortstamm und das jeweilige Suffix zerlegt. Jeder Schüler erhält eine Wortkarte mit entweder einem Wortstamm oder Suffix. Die Schüler finden sich paarweise zusammen und bilden mit ihren Wortkarten Wörter. Diese werden anschließend an der Tafel nach den drei Endungen geordnet. (Beispiele s. Rückseite)

Variante:

- Jeder Schüler erhält für jede Endung eine farbige Wortkarte. Der Lehrer liest verschiedene Wörter vor und die Schüler zeigen durch Hochhalten der farbigen Wortkarte die korrekte Endung an.
- als Kreuzworträtsel (s. Arbeitsblatt 1)
  (Baseler, 2014, S. 50)

Beispiele für geeignete Wörter:

Wörter zu -ig:
sandig, kurvig, sonnig, durstig, fruchtig, eilig, geizig, fleißig, eisig, mutig, bissig, hungrig, ruhig, windig, zornig, ölig, schmutzig, freudig

Wörter zu -lich:
sportlich, ärgerlich, ängstlich, amtlich, sommerlich, menschlich, natürlich, nächtlich, glücklich, ärztlich, gefährlich, hässlich, herzlich, königlich, südlich, stündlich

Wörter zu -isch:
italienisch, teuflisch, betrügerisch, grammatisch, künstlerisch, diebisch, regnerisch, städtisch, neidisch, schulisch

Thema: **Orthografie**

2.12 Groß oder klein?

Ort: Unterrichtsraum
Material: -

Beschreibung: Der Lehrer nennt Wörter bzw. Wortgruppen. auf ein Signal entscheiden sich die Schüler durch eine vereinbarte Bewegung für die Groß- oder Kleinschreibung, z. B.:

Großschreibung – Streckstand, Arme nach oben
Kleinschreibung – kleine Kniebeuge
(Beispiele s. Rückseite)

Variante: Getrennt- und Zusammenschreibung

Übung zu Groß- und Kleinschreibung:

heiter, Heiterkeit, erheitern, heiraten, Rat, missraten, beim Raten, redlich, unsäglich, Lichtung, ungenau, Automat, materiell, Lesung, Hörspiel, hochbegabt, Fahrradfahren, fair, falsch, spielen, Fabrikat, Schlachter, grünlich, schimmelig, Schimmelpilz, tausendmal, die Tausenden, tausendjährig, das Tausendschön (Pflanze)

Am Strand ist *Grillen* verboten!
Beim *Spielen* hatten wir viel Spaß.
Er bekam etwas *Spannendes* geschenkt.
Mir ist nicht zum *Lachen* zumute.
Wir sehen viel *Neues*.
Man soll nicht *alles* wörtlich nehmen.
Mittags steht die Sonne am *höchsten*.
Gib mir einen *Tipp*!
Am *Nachmittag* besuche ich die Oma.

Sie antwortet ohne *Zögern*.
Jugendliche und *ältere* Kinobesucher waren begeistert.
Am Ausgang ist viel *Gedränge*.
Gesundheit macht *Freude*.
Peter versucht oft *jemanden* anzustiften.
In der Zeitung sind oft *Tippfehler*.
Wer schnell fährt, muss *scharf* bremsen.
Wir gratulieren ganz *herzlich*.
Ich wünsche euch alles *Gute*!

Thema: **Orthografie**

2.13 Buchstabieren

Ort: Unterrichtsraum
Material: Softball

Beschreibung: Die Schüler bewegen sich frei im Raum. Zuerst nennt der Lehrer die zu buchstabierenden Wörter, später eventuell die Schüler selbst. Der Softball wird einem Schüler zugespielt, der das entsprechende Wort buchstabieren soll.

Varianten:
- Bewegungen variieren
- Lautfolge gemeinsam sprechen und dabei den Ball wandern lassen

Beispiele für geeignete Wörter:

Wörter zu f – v – ph:
relativ, Flasche, F/Verse (Bedeutung hinterfragen), Ph/Foto, Verhältnis, Philosophie, Finte, Vogel, Fassung, Phase, Fohlen, Verleger, Phosphor, Oh/Fantasie, Faszination, Feige, Fusion, Vizekanzler, Pharao, Volkslied, Philippinen, Fontäne, Frequenz, Frevel, Verantwortung, Phrase, Festival, Physik, Fuge

Wörter zu x – cks – chs – ks – gs:
Fuchs, fix, links, ringsherum, Keks, Galaxis, glucksen, Okzident, Steaks, Beneluxstaaten, Knacks, Luchs, Polylux, Sachsen, Präfix, Obelix, sächsisch, zwangsläufig, Taxi, Wachskerzen, Schicksal, Nixe, sechstel, maximal, Sexta, wachsen, Saxophon

Wörter zu -ig und -lich:
sonnig, schließlich, endlich, wenig, rüstig, richtig, süßlich, rosig, dümmlich, schwierig, nützlich, schmutzig, lediglich, madig, freudig, sachlich, wichtig, königlich, kaiserlich, neulich, fruchtig

Thema: **Orthografie**

2.14 Meer oder mehr?

Ort: Unterrichtsraum
Material: -

Beschreibung: Es werden zwei bis drei Gruppen gebildet. Der Lehrer nennt Sätze oder Wortgruppen, in denen Wörter vorkommen, zu welchen Homopheme existieren. Der jeweils erste Schüler läuft zur Tafel und schreibt das entsprechende Wort an die Tafel. Wer das Wort als erster richtig geschrieben hat, bekommt für seine Mannschaft einen Punkt.

Varianten:

- Die Homopheme können auch in eine Geschichte verpackt erzählt werden.
- Die Homopheme können dargestellt und erraten werden.

Beispiele für Homophene:

Ein Würfel hat sechs Seiten.	Die Gitarre ist mit sechs Saiten bespannt.
Die Ostsee ist ein Meer.	Das Auto kostet mehr als 15 000 €.
Das Auge wird durch das Lid geschützt.	Zu deinem Geburtstag singe ich ein Lied.
Euch werde ich das Fürchten lehren.	Die Männer der Stadtreinigung leeren die Mülltonnen.
Ein Kind ohne Eltern ist eine Waise.	Jeder Mensch hat seine eigene Art und Weise.

Um das Spiel nicht zu schwer zu gestalten, empfiehlt sich, die Homophene in semantisch eindeutige Wortgruppen zu packen.

Thema: **Orthografie**

2.15 p, d und g am Stammende

Ort: Unterrichtsraum
Material: farbige Karten (je Farbe mindestens drei)

Beschreibung: Im Raum liegen farbige Karten bereit, die mit folgenden Buchstaben gekennzeichnet sind:

b – rosa	t – dunkelblau
p – rot	g – hellgrün
d – hellblau	k – dunkelgrün

Die Schüler gehen durch den Raum. Der Spielleiter nennt verschiedene Wörter mit b – p, d – t, g – k am Stammende. Die Schüler entscheiden sich für den richtigen Konsonanten und stellen sich zu einer entsprechenden Karte. Die richtige Schreibweise sollte an der Tafel festgehalten werden.

Variante: Rechtschreibschwerpunkte variieren, z. B. Schreibung der s-Laute, Wörter mit Doppelkonsonanten, Adjektive auf -ig, -lich und -isch (Baseler, 2015)

Beispiele für geeignete Wörter:

Wortmaterial zu b am Stammende:
Urlaub, Laub, Stab, gelb, Lob, grob, Korb, Dieb, Kalb, Staub, Leib, Sieb

Wortmaterial zur d am Stammende:
Strand, Sand, Wald, Rand, Wind, Hand, Kind, Wand, Geld, mild, Feld, Mitleid, Obstfeld, Schild, fremd

Wortmaterial zur g am Stammende:
Tag, Weg, Betrug, klug, schräg. Flug, Bahnsteig, Geburtstag, Käfig
(Baseler, 2015)

Thema: **Orthografie**

2.16 Buchstabensuppe

Ort: Unterrichtsraum
Material: Buchstabenkarten

Beschreibung: Jeder Schüler erhält eine Buchstabenkarte mit einem Buchstaben. Es sollten möglichst alle Buchstaben des Alphabets vorhanden sein, häufig vorkommende Buchstaben wie z. B. die Konsonanten r oder n sollten mehrfach vertreten sein. Die Schüler verteilen sich frei im Unterrichtsraum. Der Lehrer nennt ein Wort, welches die Kinder nun mithilfe der Buchstabenkarten bilden und sich in der richtigen Reihenfolge vor der Tafel aufstellen. Die richtige Schreibweise sollte an der Tafel festgehalten werden.

Variante: Bildung von Wörtern nutzen, um schwierige orthografische Phänomene wie z. B. Wörter mit gleich oder ähnlich klingenden Konsonanten (s. Rückseite) zu üben (Baseler, 2014, S. 49)

Beispiele für ähnlich klingende Konsonanten:

Wörter mit f – v:
fahren, Flugzeug, Fisch, Saft, finden, Fehler, Fundbüro, Vogel, viel, Vater, Vorhang, davor, Vorsicht, Vorname

Wörter mit x – cks – chs – ks – gs:
Fax, Axt, Box, Polylux, Tricks, Wracks, Dachs, Achse, Luchs, Lachs, Keks, Streiks

Wörter mit b, d, g am Stammende:
Dieb, Korb, Staub, Obstfeld, Geld, Hand, Schild, Wachhund, Fahrrad, Erfolg, Betrug, Käfig, Flugzeug
(Baseler, 2014, S. 49)

Thema: **Orthografie**

2.17 Wanderdiktat

Ort: Unterrichtsraum
Material: mehrfach geschriebener Text, evtl. Dosen mit Wortzetteln

Beschreibung: Ein Text wird mehrfach im Zimmer verteilt. Die Schüler gehen zu einem Text und prägen sich den ersten Satz ein. Danach kehren sie an ihren Platz zurück und schreiben diesen auf. Das wird so lange fortgesetzt, bis der Text im Heft der Schüler steht. Anschließend vergleichen sie selbstständig mit den ausliegenden Texten.

Varianten:

- Anzahl der Wanderungen vorgeben
- jeden Zettel nur einmal aufsuchen
- differenzierte Texte auslegen
- auf häufige Rechtschreibfehler übertragbar
- Dosendiktat (s. Rückseite)

Dosendiktat:

Jeder Schüler hat eine Dose/Kästchen mit zu übenden Wörtern und stellt diese möglichst weit entfernt von seinem Platz auf. Vier Wörter werden herausgenommen, eingeprägt, am Platz notiert und anschließend verglichen. Fehlerhaft geschriebene Wörter kommen in die Dose zurück. Es wird so lange geübt, bis alle Wörter richtig geschrieben werden können.

Thema: **Orthografie/Fremdwörter**

2.18 Suchen und finden

Ort: Unterrichtsraum
Material: Wortkarten mit Fremdwörtern (s, Rückseite), Duden oder Fremdwörterlexika

Beschreibung: Die Wortkarten werden im Zimmer verteilt. Die Schüler gehen zu einer Karte, prägen sich das Wort ein und schreiben es in ihr Heft. Danach suchen sie das Wort im Duden oder in einem Fremdwörterlexikon und notieren Fremdwörter aus derselben Wortfamilie.

Variante: Fortgeschrittene können die Fremdwörter zusätzlich in einer Tabelle nach semantischen, etymologischen oder orthographischen Gesichtspunkten systematisieren.

Beispiele für geeignete Wörter:

Demokratie - demokratisch - Demokrat - demokratisieren ...
Demonstrant - demonstrieren - Demonstration - demonstrativ ...
Repräsentant - Repräsentation - repräsentieren ...
parallel - Parallelogramm - Parallele - Parallelfach ...
Chrom - verchromt - verchromen - Chromlegierung ...

Es sollten möglichst Fremdwörter mit Bezug zum Unterrichtsstoff anderer Fächer ausgewählt werden. Bei schönem Wetter ist dies auch eine ideale Lernform für das „grüne Klassenzimmer“.

Thema: **Orthografie/Fremdwörter**

2.19 Fremdwörter

Ort: Unterrichtsraum
Material: Wortkarten (von den Schülern vorbereitend angefertigt, Beispiele s. Rückseite)

Beschreibung: Die Wortkarten werden im Unterrichtsraum verteilt. Auf der Vorderseite steht die deutsche Bezeichnung für einen Begriff, auf der Rückseite das entsprechende Fremdwort. Jeder Schüler versucht nach Durchlesen der deutschen Bezeichnung das entsprechende Fremdwort herauszufinden, schreibt es in sein Heft, vergleicht mit der Rückseite der Wortkarte und berichtigt bei Bedarf (zur ehrlichen Arbeitsweise motivieren). Anschließend wechselt er zum nächsten Arbeitsplatz. Zum Abschluss ermittelt jeder Schüler die Anzahl der Fremdwörter, die er ohne Benutzung der Rückseiten korrekt schreiben konnte.

deutsche Bezeichnung	**Fremdwort**	**deutsche Bezeichnung**	**Fremdwort**
ärztliche Bescheinigung	Attest	Arbeitsanweisung	Instruktion
Abschrift	Kopie	Flugzeugführer	Pilot
Briefumschlag	Kuvert	Lichtbild	Fotografie
zu Fuß kämpfende Truppe der Armee	Infanterie	Auskunft	Information
Flur einer Wohnung	Korridor	3. Fall	Dativ
kleinste Einheit des Organismus	Zelle	eintausend Milliliter	Liter
Gewinn	Profit	Plan, Vorhaben	Projekt
Zehntel ...	Dezi	Wortart, bestimmt Substantiv oder Verb näher b	Adjektiv

Hinweis: Die Wortkarten werden von den Schülern in der Stunde vorher oder als Hausaufgabe gefertigt. Möglichst Fremdwörter auswählen, die dem Unterricht anderer Fächer nahe stehen.

Thema: **Orthografie/Fremdwörter**

2.20 Fremdwörter systematisieren

Ort: Unterrichtsraum
Material: Wortkarten zu orthografischen Schwerpunkten der Fremdwörter

Beschreibung: Kleingruppen erarbeiten entsprechende Wortkarten. Anschließend werden alle Karten auf einem Tisch gemischt und Stellen im Raum für die verschiedenen orthografischen Schwerpunkte festgelegt. Paarweise wird je eine Karte gezogen, das Fremdwort am Platz dem Partner diktiert, dann kontrolliert. Anschließend einigt sich das Paar, zu welchem Schwerpunkt das Wort sortiert werden muss. Sind alle Wortkarten an den entsprechenden Stellen verteilt, kontrollieren die Gruppen die Zuordnung und das Spiel beginnt von vorn.

Variante: Systematisierung nach semantischen und etymologischen Schwerpunkten

Weitere Variante:

Die Schüler fertigen Wortkarten an (Beispiele in der rechten Spalte). Stellen im Raum werden mit den unterschiedlichen Ursprüngen gekennzeichnet. Paarweise wird eine Wortkarte gezogen. Gemeinsam entscheiden sie, woher das Wort stammen könnte und legen die Karte an die entsprechende Stelle. Sie bilden eine Wortgruppe, schreiben diese in ihre Hefte und überprüfen das Fremdwort mit der Wortkarte. Gemeinsam überprüfen sie, ob das Fremdwort richtig geschrieben wurde. Abschließend tragen die Schüler die Fremdwörter in ihre Hefte.

Wörter lateinischen Ursprungs	Experiment, Abitur, Minister, Republik, Diktat, Religion, Zensur, Klausur, Assistent, Dozent
Wörter griechischen Ursprungs	Polizei, Theater, Gymnasium, Bibel, Chirurg, Atom, These, Akademie, Politik, Thema
Wörter englischen Ursprungs	Baby, Musikal, Fun, Charts, Meeting, Date, cool, Hot pants, Humor, Show
Wörter französischen Ursprungs	Nobel, Chauffeur, Niveau, Chef, amüsant, Au Pair, Chance, elegant, Monteur, Garderobe

Die Einordnung nach Schreibweisen (th, ph, y) stellt eine weitere Möglichkeit dar.

Thema: **Orthografie/Fremdwörter**

2.21 Was heißt denn ...?

Ort: Unterrichtsraum

Material: Blätter mit Initialwörtern, Wörterbücher

Beschreibung: Im Zimmer hängen mehrere Blätter mit Initialwörtern aus. Je Paar prägt sich ein Partner ein Wort ein, diktiert es seinem Banknachbarn und kontrolliert (z. B. Mitropa, UNO u. a., s. Rückseite). Anschließend versuchen beide, gemeinsam mit Hilfe von ausliegenden Nachschlagewerken folgende Frage zu beantworten: Was heißt denn eigentlich ...? Sie gehen zu ihren Plätzen, schreiben die Antwort auf und üben mit Rollentausch weiter.

Variante: Abkürzungen, Silbenwörter, Kunstwörter (s. Rückseite)

Beispiele für geeignete Wörter:

Initialwörter
BGB, TÜV, ZDF, KDW, EDV, PKW, LKW, GmbH, Kfz, FKK

Abkürzungen
Abk., afrik., allg., Anm., A. T., bes., Dr., dt., ehem., etw., e.V., fam. Flugw., gebr., Handw., hist., ital., jmd., Konj., Kurzw., lat., Literaturw., m., MA., med., Milit., nationalsoz., Nom., o. Ä., od., päd., psych., scherzh., sportwissensch., Spr., s. v. w., ugs., urspr., vgl., weibl., Zus.

Silbenwörter
Nato, Lotto, Kilo, Tele, Akku, Tacho, Abi, Uni, Pille, Platte, Nazi, Sozi, Demo, Azubi, Profi, Assi

Kunstwörter
Szene, verschlimmbessern, Millennium, Sparpaket, Besserwessi, Ellenbogengesellschaft, computern, Pommes, Laser

Thema: **Orthografie/Fremdwörter**

2.22 Fremdwortwettlauf

Ort: Unterrichtsraum
Material: -

Beschreibung: Es werden zwei bis vier Mannschaften gebildet. Der Lehrer nennt ein Fremdwort (Beispiele s. Rückseite). Die jeweils ersten Schüler laufen zur Tafel und schreiben es an. Wer als erstes fertig ist und das Wort korrekt geschrieben hat, bekommt für seine Mannschaft einen Punkt. (Stiefel, 2001. S. 44)

Varianten:

- Ausnahmefälle oder schwierige Wörter
- Bei Unsicherheiten bezüglich der korrekten Schreibung dürfen die eigenen Mannschaftsmitglieder verbal unterstützen (buchstabieren).

Passende Fremdwörter können sein:

Demokratie, Fotografie, Rhythmus, Milliardär, parallel, Republik, Laser, Repräsentant, Thermometer, Tätowierung, Topografie, Vulkan, Tektonik, Mäander, Tertiär, Chrom, Badminton, Bakterie, Alphabet, Metapher

Fremdwörter möglichst nach Themenfeldern aussuchen, die Stoffinhalte anderer Fächer tangieren.

Thema: **Orthografie/Eigennamen**

2.23 Straßennamenralley

Ort: Umgebung der Schule
Material: Schreibzeug

Beschreibung: Die Klasse erhält den Auftrag, in einer bestimmten Zeit in der Schulumgebung so viele Straßennamen in unterschiedlicher Schreibung wie möglich zu finden und zu notieren. Die Ergebnisse werden anschließend systematisiert, um sie später gemeinsam zu analysieren und die Regeln zu entdecken, denen ihre Schreibung folgt (s. Rückseite).

Varianten:

- Straßennamen durch Befragen der Mitschüler nach deren Adressen im Unterrichtsraum ermitteln
- in Kleingruppen arbeiten

Beispiele:

mit dem Grundwort zusammen	vom Grundwort getrennt	mit Bindestrich	Adjektiv groß schreiben
Neumarkt	Neuer Markt	Max-Planck-Allee	Am Grünen Zipfel
Bergstraße	Bergische Straße	Graf-Adolf-Platz	Zur Alten Mühle
Drosselgasse	Lange Gasse	Rhein-Main-Donau-Kanal	An der Neuen Post

3 Lesen und Verstehen

Klasse: 5-8

Thema: **Arbeit mit literarischen Texten**

3.1. Stegreifspiel

Ort: Unterrichtsraum
Material: -

Beschreibung: In Kleingruppen wird nach Textvorlage aus dem Stegreif gespielt (Fabeln, Sagen, Parabeln, Anekdoten u. a.). Mimik, Gestik, Körpersprache und Bewegung im Raum sollten bei der Gestaltung besondere Beachtung finden.

Beispiele für Stegreif-Redensarten

Jemanden an der Nase herumführen
Jemandem die Ohren langziehen
Die Beine in die Hand nehmen
Jemanden verschaukeln
Sich auf den Kopf stellen
Jemandem um den Hals fallen
Mit dem Kopf durch die Wand wollen
Jemandem unter die Arme greifen
Jemanden aufs Kreuz legen

Aufgabenbeispiele für Stegreif-Fabeln

1. Wählt euch eine Fabel aus (ggf. Beispiele vorgeben).
2. Überlegt, ob ihr die ausgewählte Fabel spielerisch gut darstellen könnt.
3. Verteilt die Rollen für jedes Tier und (falls nötig) benennt einen Sprecher, der das szenische Spiel einleitet und die Moral der Fabel spricht. Vielleicht könnt ihr nützliche Requisiten einsetzen.
4. Lest euch den Text aufmerksam durch und übt das Spielen des Textes.

(Arnold, 2016)

Thema: **Arbeit mit literarischen Texten**

3.2 Spiel mit Stockpuppen

Ort: Unterrichtsraum

Material: Holzstäbe, Kochlöffel, Stoffreste, Papiertaschentücher u. a. zum Gestalten (evtl. fachübergreifend mit Kunst)

Beschreibung: Entsprechend der literarischen Vorlage finden sich Paare oder Kleingruppen zusammen und gestalten ihre Figuren. Zuerst stellen sich die Figuren gegenseitig vor (wer und wie sie sind, was sie wollen). Dann spielen die Schüler mit den Stockpuppen Fabeln, Kurzgeschichten, Sagen, Parabeln nach oder gestalten sie individuell, z. B. „Der geheilte Patient".

Varianten:

- evtl. Präsentation der Ergebnisse, dafür Bühnenbilder bauen, Geräusche sowie Musik auswählen und einsetzen (fächerverbindend)
- gezielte Bewegungsübungen mit den Stockgruppen einbeziehen (sich begrüßen, sich freuen, erschrecken, wegschieben, tanzen u. a.)
- in höheren Klassen Handpuppen, Körperpuppen oder Marionetten bauen

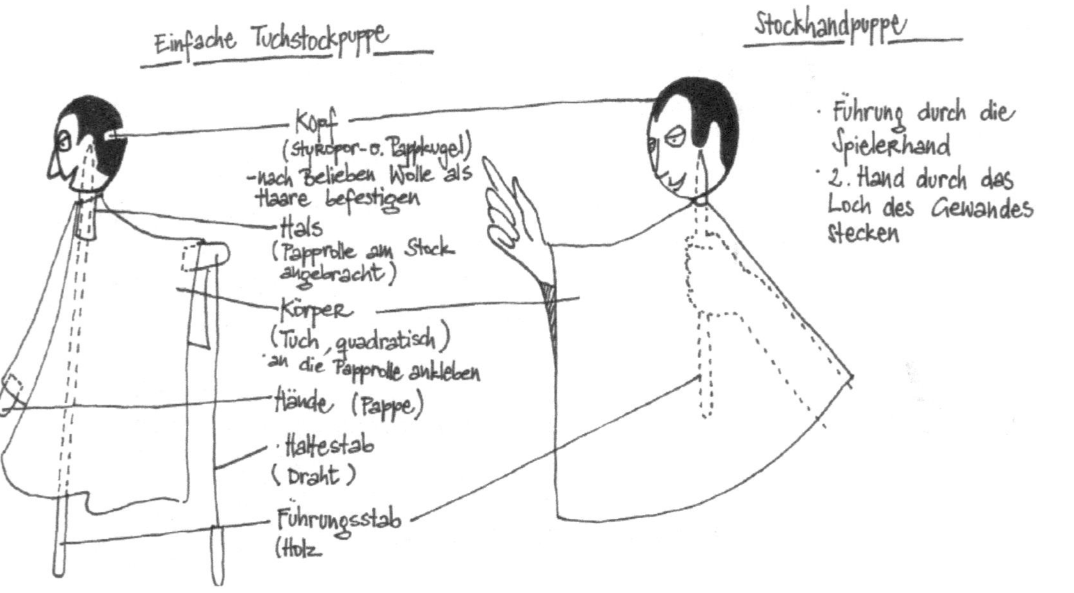
Einfache Tuchstockpuppe
Stockhandpuppe
Kopf
(Styropor- o. Pappkugel)
-nach Belieben Wolle als Haare befestigen
Hals
(Papprolle am Stock angebracht)
Körper
(Tuch, quadratisch)
an die Papprolle ankleben
Hände (Pappe)
Haltestab
(Draht)
Führungsstab
(Holz
· Führung durch die Spielerhand
· 2. Hand durch das Loch des Gewandes stecken

Thema: **Arbeit mit literarischen Texten**

3.3 Schattenspiel

Ort: Unterrichtsraum
Material: weißes Betttuch, Scheinwerfer, Requisiten

Beschreibung: Das Betttuch wird vor den „Zuschauerraum" gespannt und mit Scheinwerfern von hinten angestrahlt. Hinter dem Tuch befindet sich die Bühne, auf der die Schüler nun ihre Szenen vorführen.

Varianten:

- Darstellung der Szenen ohne zu sprechen
- Darstellung verschiedener Szenen eines Dramas
- Gegenseitiges Filmen mit einer Videokamera und anschließende Bearbeitung der Dramensequenzen
  (Mertke, 2009, S. 37)

Thema: **Arbeit mit literarischen Texten**

3.4 Pantomime

Ort: Unterrichtsraum
Material: -

Beschreibung: In Kleingruppen erproben die Schüler die pantomimische Darstellung von Figurenbeziehungen, z. B. in Gedichten (Beispiele s. Rückseite). Zum Abschluss können die Ergebnisse vor der Klasse präsentiert werden. „Zuschauer“ beschreiben, was sie gesehen haben.

Varianten:
- Standbild
- Standbilder fotografieren – „literarische Galerie“ erstellen

Beispiele für geeignete Gedichte:

- „Verzweiflung Nr. 1“ von Erich Kästner
- „Modernes Märchen“ von Erich Kästner
- „Ein männlicher Briefmark“ von Joachim Ringelnatz
- „Freudvoll und leidvoll“ von J. W. v. Goethe

Thema: **Arbeit mit literarischen Texten**

3.5 Figurenkonstellation

Ort: Unterrichtsraum
Material: Seile, Bänder o. Ä.

Beschreibung: In Kleingruppen wird jedem Gruppenmitglied eine literarische Figur zugeordnet. Die Schüler denken sich in die Rolle der Figur ein. Anschließend überlegen sie anhand der Beziehungen zwischen den Figuren, wie sie sich aufstellen können. Mithilfe von Seilen, Bändern o. Ä. stellen die Schüler den Bezug zwischen den Figuren dar. Wenn die Konstellation feststeht, diskutieren die anderen über die Bedeutung der Darstellung.

Variante: Zusätzlich können Symbole, z. B. Blitz(e), Herz(en), Ringe ... verwendet werden. Diese können mit Wäscheklammern an die Seile angesteckt werden.
(Witschas, 2016, S. 90)

Thema: **Arbeit mit literarischen Texten**

3.6 Gedichte bewegt lernen

Ort: Unterrichtsraum, Schulgelände
Material: -

Beschreibung: Eine mögliche Lernhilfe beim Auswendiglernen von Gedichten, Balladen, Liedern stellen zum Inhalt passende Bewegungen dar. Im Unterricht sollte zumindest dazu angeregt werden.

Geeignet sind z. B.:
„Der Zauberlehrling“ (J. W. v. Goethe)
„Der Osterspaziergang“ (J. W. v. Goethe)
„Der Handschuh“ (Fr. Schiller), (s. Rückseite)

Varianten:

- Einzelne Strophen des Gedichtes hängen im Raum aus. Beim Gehen durch den Unterrichtsraum kann man sich so das Gedicht einprägen.
- Teile eines Gedichtes können mithilfe des Buches beim Spazierengehen im Freien gelernt werden.
- Entsprechende Tipps sollten für das Auswendiglernen zuhause gegeben werden.

Beispiel für Bewegungen – Ausschnitt aus: „Der Handschuh“ (Friedrich Schiller)

Und wie er winkt mit dem Finger,	*winken*
Auf tut sich der weite Zwinger,	*Arme gestreckt um den Körper bewegen*
Und hinein mit bedächtigem Schritt	*einen Schritt nach vorne gehen*
Ein Löwe tritt	*Löwentatze mit der Hand imitieren*
Und sieht sich stumm	*umsehen, Zeigefinger vor den Mund halten*
Ringsum	*umher schauen*
Mit langem Gähnen	*gähnen → typische Handbewegung dazu*
Und schüttelt die Mähnen	*Kopf schütteln*
Und streckt die Glieder	*Arme in die Höhe strecken*
Und legt sich nieder.	*auf den Boden setzen*
	aufstehen
Und der König winkt wieder,	*nochmals winken*
Da öffnet sich behend	*mit den Händen ein großes Rechteck zeigen*
Ein zweites Tor,	*zwei Finger zeigen*
Daraus rennt	*auf der Stelle laufen*
Mit wildem Sprunge	*einmal in die Höhe springen*
Ein Tiger hervor.	*Tigertatze mit der Hand imitieren*

(Bewegungsideen: Baseler, 2014, S. 51)

Thema: **Arbeit mit literarischen Texten**

3.7 Gedichte auswendig lernen

Ort: Unterrichtsraum
Material: Textvorlagen

Beschreibung: Eine weitere Möglichkeit, das Auswendiglernen von Gedichten oder Balladen zu unterstützen, ist die Lückentextmethode.
Dafür wird ein Textauszug abwechselnd auf die Vorder- bzw. Rückseite einer Karteikarte geschrieben (s. Rückseite). Anschließend gehen die Schüler durch den Raum, suchen sich einen Partner und lesen ihren Text bis zur Lücke. Der Angesprochene setzt fort. Bei Problemen wird auf der Rückseite nachgesehen.

Varianten:
- Die Lückentexte können vom Lehrer oder den Schülern erstellt werden.
- Reimwörter am Ende der Verse werden auf Zettel geschrieben, z. B. Steuermann – Ufer gewann, und gegenseitig abgefragt.

Ausschnitt aus: „John Maynard“ (Theodor Fontane)

Vorderseite	**Rückseite**
John Maynard! „Wer ist John Maynard? John Maynard ist unser Steuermann, ... (Lücke) Er hat uns gerettet, er trägt die Kron, ...(Lücke) John Maynard.	John Maynard! „Wer ist John Maynard? .... aushielt er, bis er das Ufer gewann. .... er starb für uns, unsere Liebe sein Lohn. John Maynard.“

Variante: Paarreim

.... Steuermann
.... Ufer gewann
.... Kron
.... Lohn
.... Frei
.... Schrei

Thema: **Arbeit mit literarischen Texten**

3.8 Kreis-Gedicht

Ort: Unterrichtsraum
Material: Karten mit einzelnen Strophen eines Gedichtes

Beschreibung: In Kleingruppen erhält jeder Schüler eine Strophe eines Gedichtes. Während sich die Schüler durch den Unterrichtsraum bewegen, lernen sie die jeweilige Strophe auswendig. Nach einer vorher festgesetzten Zeit stellen sich die Schüler entsprechend der Reihenfolge der Strophen im Gedicht als Kreis auf und tragen ihre Strophe auswendig vor.

Varianten:

- Nachdem alle Schüler ihre Strophe vorgetragen haben, wird nach dem Tausch der Karten eine weitere Strophe auswendig gelernt.
- Das Finden der richtigen Reihenfolge kann durch Nummerierung der Strophen unterstützt werden.
  (Mertke, 2009, S. 49)

Beispiele für geeignete Gedichte:

- „Der Zauberlehrling“ von J. W. v. Goethe
- „Der Handschuh“ von Fr. Schiller
- „Der Erlkönig“ von J. W. v. Goethe
- „Der Osterspaziergang“ von J. W. v. Goethe
- „John Maynard“ von Th. Fontane
- „Die Brücke am Tay“ von Th. Fontane

Thema: **Arbeit mit literarischen Texten**

3.9 Das Auf und Ab im Versmaß

Ort: Unterrichtsraum
Material: verschiedene Gedichtverse auf Karteikarten

Beschreibung: Die Schüler versuchen ein Versmaß oder einen Versfuß durch Hoch- und Tiefschwingen der Arme herauszufinden (Hebung - hoch, Senkung - tief). Sie sprechen den Vers dabei leise vor sich hin. Die Lösungen werden am Ende aufgeschrieben und verglichen.

Varianten:

- in die Hände klatschen, im Rhythmus schreiten oder gehen
- Tücher o. Ä. im Rhythmus schwingen
- bei einem Daktylus Walzerschritt tanzen

Thema: **Arbeit mit literarischen Texten**

3.10 Schülertheater

Ort: Unterrichtsraum

Material: Materialien für Kostüme, Bühnenbild

Beschreibung: Gruppenweise oder im Klassenverband werden Texte szenisch gestaltet. Dabei sollte die Diskussion, das Ausprobieren und die Präsentation von außersprachlichen Gestaltungsmitteln (Mimk, Gestik, Körpersprache) besonders angeregt werden.

Variante: Gestalten eigener Schreibversuche, z. B. „Heiteres von und über uns“ und Präsentation zu Klassen- bzw. Schulfesten (Büttenreden zur Fastnachtsfeier u. a.)

Thema: **Arbeit mit literarischen Texten**

3.11 Spieler – Gegenspieler

Ort: Unterrichtsraum
Material: Textausschnitte

Beschreibung: Paarweise wird ein Textausschnitt vorgetragen. Im Vorfeld sollten sich die Partner neben der sprachlichen Gestaltung vor allem auch Gedanken zur passenden Mimik, Gestik, Körpersprache, Bewegungen im Raum (auch im Verhältnis zum Gegenspieler) machen.

Variante: szenisches Lesen

Thema: **Arbeit mit literarischen Texten**

3.12 Standbilder

Ort: Unterrichtsraum
Material: -

Beschreibung: Die Schüler bilden zu einer Situation des Textes ein Standbild. Die Mitschüler können dieses Standbild je nach Aufgabenstellung (Weiterentwicklung der Figuren, vorausgehende Situation u. a.) formen und ihre Entscheidungen begründen. Die Schüler, die im Standbild postiert waren, erläutern nachfolgend ihren Eindruck und ihre Auffassung zu der Gestaltung.

Thema: **Arbeit mit literarischen Texten**

3.13 Regieanweisungen

Ort: Unterrichtsraum

Material: -

Beschreibung: In Kleingruppen liest ein oder lesen mehrere Schüler einen Text, einschließlich Regieanweisungen, vor. Die Mitschüler fungieren als Schauspieler und gestalten diesen Text pantomimisch. (Stiefel, 2001, S. 54)

Variante: Sketche mit einem Regisseur einüben (s. Rückseite)

Sketche einüben

Die Schüler erarbeiten sich einen bereits vorhandenen Sketch und üben in Kleingruppen ihre Präsentation. Ein Spielleiter/Regisseur achtet auf die Umsetzug von Sprache, Mimik und Gestik, so dass die Pointe treffend gesetzt und das Publikum gut unterhalten wird. Texte von Karl Valentin oder Loriot sind für erste Übungen geeignet. Natürlich kann der Text gekürzt oder erweitert werden.
(Kschamer, 2016)

Thema: **Arbeit mit literarischen Texten**

3.14 Märchenmemory

Ort: Unterrichtsraum
Material: Textausschnitte, Karteikarten

Beschreibung: Jeder Schüler erhält mehrere Karteikarten. Im Klassenraum liegen einzelne Textausschnitte aus verschiedenen Märchen bereit. Die Schüler gehen durch den Raum, lesen die Textausschnitte und ordnen ihnen das passende Märchen zu, indem sie den Namen auf eine Karteikarte schreiben und diese verdeckt neben den Textausschnitt legen.
Anschließend werden die Karteikarten kontrolliert und die Begründung der Antworten in der Klasse diskutiert.

Varianten:
- Die Märchen sollten von den Schülern weiter erzählt werden.
- Andere epische Kleinformen können verwendet werden, z. B. Sagen, Anekdoten, Parabeln (Baseler, 2014, S. 52)

Beispiele

Hänsel und Gretel	Am nächsten Tag nahm er sein letztes Stück Brot und streute kleine Bröckchen davon auf den Weg. So hoffte er, den Rückweg aus dem Wald zu finden.
Rotkäppchen	Eines Tages sprach seine Mutter zu ihm: „Komm, … , da hast du ein Stück Kuchen und eine Flasche Wein, bring das der Großmutter hinaus; sie ist krank und schwach und wird sich daran laben. […]“
Der Wolf und die sieben jungen Geißlein	Nun ging der Bösewicht zum dritten Mal zu der Haustür, klopfte an und sprach: „Macht auf, Kinder, euer liebes Mütterchen ist heimgekommen und hat jedem von euch etwas aus dem Walde mitgebracht!“
Rapunzel	… ward das schönste Kind unter der Sonne. Als es zwölf Jahre alt war, schloss es die Zauberin in einen Turm, der in einem Walde lag, und weder Treppe noch Türe hatte, nur ganz oben war ein kleines Fensterchen.

(Baseler, 2014, S. 52, nach Vorlagen im Internet)

Thema: **Arbeit mit literarischen Texten**

3.15 Stichwörter zuordnen

Ort: Unterrichtsraum
Material: Wortkarten

Beschreibung: Die Wortkarten sind im Zimmer verteilt. Die Schüler gehen umher und ziehen Wortkarten mit den jeweiligen Stichworten, ordnen diese schriftlich ihrer Übersicht zu oder diskutieren deren Richtigkeit in einem offenen Stuhlkreis.

Beispiele für Wortkarten: (hier: Faust)

Personen → Mephisto, Gretchen, Helena
Zitate → „ ... ein Teil von jener Kraft die Gutes will und Böses schafft ...“
Epochen → Sturm und Drang, Klassik
Begriffe, Motive → Auerbachs Keller, Hexenküche

Variante: Als Fortsetzung wird ein Schriftsteller gezogen. Paarweise begeben sich die Schüler zu den entsprechenden Tischen und tragen anhand der Stichworte Wesentliches zusammen.

Thema: **Arbeit mit literarischen Texten**

3.16 Sagen

Ort: Unterrichtsraum, Flur
Material: Karteikarten

Beschreibung: Folgende Tabelle wird ins Heft übernommen:
Titel der Sage – Handlungsort – Kurzinhalt.
Auf getrennten Karten liegen die Inhalte der Tabelle im Raum aus (bzw. auf dem Gang). Die Schüler prägen sich die Antworten ein, gehen zum Platz zurück, füllen Teile der Tabelle aus und können mit den Karten vergleichen.

Varianten

- alternative Tabellenköpfe (handelnde Personen – Autor – Entstehungsort und -zeit)
- Erhöhung des Schwierigkeitsgrades: Schüler anhand der gewonnenen Informationen entscheiden lassen, um welche Erzählform es sich jeweils handelt (Fabel, Mythos, Epos, Novelle).

Beispiel für eine ausgefüllte Karteikarte:

Titel	**Handlungsort**	**Kurzinhalt**
„Der Fuchs und die Trauben“	im/das Reich der Tiere	Fuchs möchte gerne Trauben fressen, kann sie aber nicht erreichen und beschließt daraufhin, dass sie sauer und ungenießbar seien.

An Kurzepik bieten sich folgende Werke an:
„Der Augsburger Kreidekreis“ (Brecht)
„Der 38. Mai“ (Kästner)
„Kleider machen Leute“ (Keller)

Einzelne Geschichten aus:
„Damals bei uns daheim“ (Fallada)
„Der abenteuerliche Simplizissimus“ (Grimmelshausen)
„Der letzte Mohikaner“ (Cooper)

Darüber hinaus lassen sich alle Fabeln Lessings, Äsops, Lafontaines oder Krylows verwenden.

Thema: **Epik/umfangreiche Schriften**

3.17 Entlastungshaltung beim Lesen

Ort: Unterrichtsraum
Material: -

Beschreibung: Die Schüler beraten gemeinsam darüber, welche Entlastungshaltungen beim Lesen eingenommen werden können (Beispiele s. Rückseite) und warum. Sie probieren diese Haltungen (teilweise zuhause) aus. Welche Entlastungshaltungen werden als besonders angenehm empfunden?

Variante: Entlastungshaltungen beim Schreiben und Zuhören

Entlastungshaltungen

beim Lesen	**beim Zuhören**

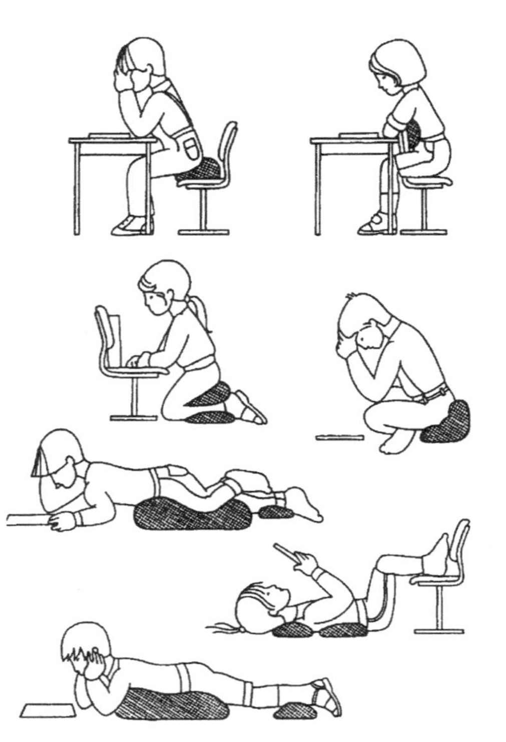

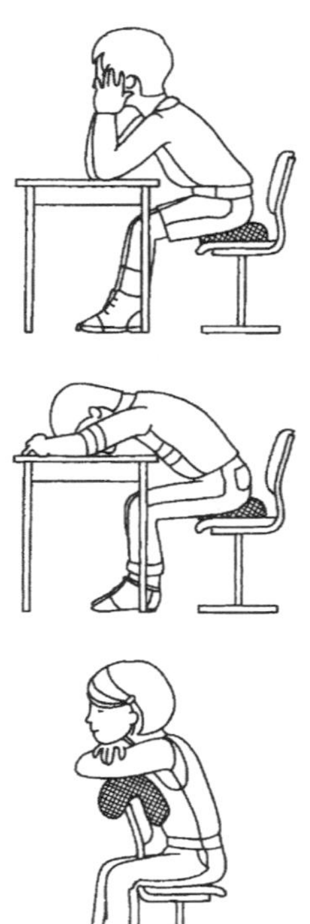

4 Sprache thematisieren

Klasse: 8-10/12

Thema: **Syntax**

4.1 Bankrutschen

Ort: Unterrichtsraum
Material: Texte

Beschreibung: Jeder Schüler einer Kleingruppe hat vor sich einen Text liegen, in dem die Satzglieder bestimmt werden sollen. Er beginnt mit dem ersten Satz und lässt den Text liegen. Anschließend rutscht er einen Platz weiter, kontrolliert die Kennzeichnung der Satzglieder seines Vorgängers, bestimmt den zweiten Satz und wechselt wieder den Platz.

Thema: **Syntax**

4.2 Satzgliedpuzzle

Ort: Unterrichtsraum
Material: Satzgliedkarten

Beschreibung: Satzglieder als Bausteine des Textes liegen im Raum verteilt. Die Schüler puzzeln Sätze zusammen, übertragen sie ins Heft und markieren diese farbig. Wer hat die meisten grammatisch richtigen Sätze gebildet?

Varianten:

- Die Schüler tragen Schilder mit Satzgliedern und bilden durch Veränderungen ihrer Position sinnvolle Sätze.
- Für verschiedene Satzglieder können verschiedene Farben verwendet werden.
- Nur die Satzgliedbezeichnungen (Satzbaupläne) sind vorgegeben. Die Schüler finden selbst passende Wörter und bringen diese an der Tafel an.
- Beispiele (s. Rückseite)

Beispiele:

Sie - gehen - in den Supermarkt.
Sie - wird - heute - die Haare waschen.
Du - musst - nach Hause - gehen, weil - die Milch - alle - ist.
Daniel - schießt - den Fußball - weit - in die gegnerische Hälfte.
Jeden Tag - müssen - die Kühe - Milch - geben.
Maria - hat - einen starken Schnupfen, deshalb - kann - sie - die Deutscharbeit - nicht mitschreiben.
Das neue Musikalbum - der bekannten Gruppe - ist - noch besser - als - das alte Album.
Wenn - ihr - diese Karten - gefunden - habt, ist - das - auch schon - ein Satz.

Vorlagen für Satzgbaupläne:

Subjekt - Prädikat - Adverbiale der Zeit/Temporalbestimmung - präpositionales Objekt

Prädikat - Subjekt - Akkusativobjekt - präpositionales Objekt

Temporalbestimmung - Prädikat - Subjekt - präpositionales Objekt

4 Sprache thematisieren

Klasse: 5-6

Thema: **Syntax**

4.3 Satzgliedmanufaktur

Ort: Unterrichtsraum
Material: Wortkarten

Beschreibung: Jeder Schüler bekommt eine Wortkarte. Mithilfe der Wortkarten werden nun sinnvolle Sätze gebildet, indem sich die Schüler mit ihrem Wortkarten in der richtigen Reihenfolge aufstellen. Anschließend versuchen die Schüler durch Umstellen von einzelnen Wörtern bzw. von Satzteilen einen neuen grammatisch richtigen Satz zu bilden. (Umstellprobe)

Variante: Erfragen der Satzglieder: Alle Schüler, die eine Wortkarte des erfragten Satzgliedes besitzen, halten diese in die Höhe.
(Baseler, 2014, S. 53)

Beispiele:

Tom – spielt – gerne Fußball.
Ich – esse – Erdbeereis – am – liebsten.
Morgen – wird – sie – für – die – Deutscharbeit – lernen.
Wir – üben – fleißig – für – die – nächste – Leistungskontrolle.
Anna – hatte – viel – Spaß – in – den – Sommerferien.
Am – Wochenende – fahre – ich – mit – meinen – Eltern – an – den – See.
(Baseler, 2014, S. 53)

4 Sprache thematisieren

Klasse: 5-7

Thema: **Wortarten – ihre Formen und Funktionen**

4.4 Entscheide dich: 1, 2 oder 3?

Ort: Unterrichtsraum
Material: -

Beschreibung: Der Unterrichtsraum wird in drei Teile gegliedert, z. B.: Fensterreihe – Substantiv, Mittelreihe – Verb, Türreihe – Adjektiv
Die Schüler stehen im Unterrichtsraum verteilt. Der Lehrer liest verschiedene Wörter laut vor. Die Schüler bestimmen die richtige Wortart und stellen sich auf ein Zeichen in die passende Raumseite. Schüler, die richtig stehen, erhalten einen Punkt. Wer am Ende die meisten Punkte hat, gewinnt.

Varianten:

- Entscheidung für den richtigen Kasus (s. Rückseite)
- Steigerungsstufen der Adjektive bestimmen
- bei Verben zwischen Aktiv und Passiv / Singular und Plural / Indikativ und Konjunktiv unterscheiden (Baseler, 2014, S. 54)

Beispielsätze für das Bestimmen des Kasus:

Genitiv: Im Supermarkt wurde die Tasche der Frau gestohlen.
Das Auto meines Vaters ist rot.
Der Ball des Jungen traf das Tor.
Im Frühjahr wird das Haus der Eltern verkauft.

Dativ: Sie kommt immer mit dem Fahrrad in die Schule.
Er verbrachte die Ferien mit seinen Eltern in Frankreich.
Im Sportverein spielt Markus jede Woche Fußball.
Lisa verspricht ihrer Mutter zu helfen.

Akkusativ: Julia übte fleißig das Gedicht.
Auf die Sommerferien freuen sich alle Schüler.
Zum Mittagessen gibt es oft warme Suppe.
Peter hat ein neues Fahrrad zum Geburtstag bekommen.
(Baseler, 2014, S. 54)

Thema: **Wortarten – ihre Formen und Funktionen**

4.5 Wortartenpuzzle

Ort: Unterrichtsraum
Material: Puzzleteile (Wortkarten, s. Rückseite)

Beschreibung: Der Lehrer verteilt die Puzzleteile frei im Unterrichtsraum. Die Schüler gehen nun durch den Raum und suchen die Puzzleteile. Dann werden diese nach ihren Merkmalen zusammen gepuzzelt. Anschließend werden die deutschen Bedeutungen der Fachbegriffe genannt und ggf. erklärt.

Varianten:

- Puzzle durch Schüler selbst erstellen
- Merkmale, typische Vertreter und Werke zu unterschiedlichen Epochen wiederholen
- Wortfelder zusammen puzzeln
- Figuren literarischer Werke durch verschiedene Merkmale voneinander unterscheiden (Baseler, 2015)

Beispiel:
(Baseler, 2015)

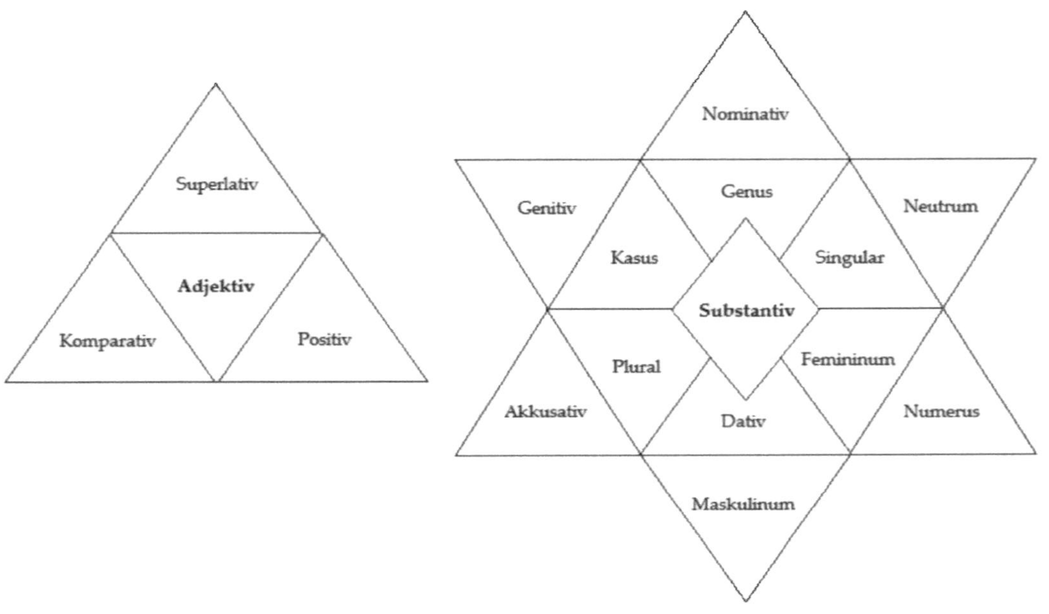

Thema: **Wortarten – ihre Formen und Funktionen**

4.6 Komparation der Adjektive

Ort: Unterrichtsraum
Material: -

Beschreibung: Die Schüler stehen im Kreis oder neben ihren Plätzen. Der Lehrer nennt Adjektive in verschiedenen Steigerungsstufen (Positiv, Komparativ, Superlativ), auf die die Schüler mit entsprechenden Bewegungen reagieren.

z. B.:
Positiv – Hocke
Komparativ – Stand
Superlativ – Streckstand

Varianten:

- Bewegungen variieren
- Adjektive in einem Text verstecken (Beispiel s. Rückseite)

Beispieltext:

An diesem Morgen war Jonas *zeitiger* wach als üblich. Es war sein Geburtstag, der *schönste* Tag des Jahres, wie er fand, und vielleicht schien die Sonne deshalb noch ein wenig *heller* als üblich. Er ging schnell in das Zimmer seiner Schwester, sie ist zwei Jahre *jünger* als er, aber die schlief *tiefer* als ein Bär im Winter. Schnell lief Jonas auf *leisen* Sohlen in das Wohnzimmer, um seine Geschenke anzuschauen. Nichts hatte er sich *sehnlicher* gewünscht als eine Modelleisenbahn. Und da stand sie: *größer* und *schöner* als erhofft hatte. Jonas war sich *sicher*, das war der *aufregendste* Geburtstag seines Lebens. (Jackisch)

Thema: **Wortarten – ihre Formen und Funktionen**

4.7 Groß – größer – am größten

Ort: Unterrichtsraum
Material: Wortkarten mit Steigerungsstufen

Beschreibung: Im Raum verteilt befinden sich Wortkarten mit Steigerungsstufen von regelmäßigen und unregelmäßigen Adjektiven und ausgewählten Adverbien (oft, bald, gern). Die Schüler gehen zu einer Wortkarte, prägen sich die Steigerungsstufe ein und schreiben diese am Platz (evtl. in Sätzen angewandt) ins Heft. Anschließend kontrollieren sie ihre Rechtschreibung und suchen sich eine neue Wortkarte.

Variante: Auf den Wortkarten, die an der Tafel hängen, steht nur eine Steigerungsstufe. Ein Schüler sucht die dazugehörigen Wortkarten im Zimmer zusammen und bringt sie in der richtigen Reihenfolge an der Tafel an. Die anderen Schüler übernehmen die Steigerungsstufen in ihr Heft.

Thema: **Wortarten – ihre Formen und Funktionen**

4.8 Welcher Fall?

Ort: Unterrichtsraum
Material: Wortkarten (s. Rückseite)

Beschreibung: Kleingruppen fertigen sich Wortkarten mit den Präpositionen an und legen diese verdeckt auf den Tisch. Sie einigen sich auf entfernt liegende Stellen im Raum. Dort sollen die Karten sortiert nach dem entsprechenden Kasus, welchen die jeweilige Präposition erfordert, abgelegt werden. Nun zieht jeder Schüler der Gruppe nacheinander je eine Karte und bringt sie zu der richtigen Stelle. Sind alle Karten sortiert, kontrolliert die gesamte Gruppe. Die Karten werden erneut gemischt und die Übung beginnt von vorn.

Varianten:
- Karten mit Wortgruppen
- Ordnen nach Beziehungen im Satz (lokal, temporal, kausal, modal)

Genitiv	**Dativ**	**Akkusativ**	**Dativ + Akkusativ**
anlässlich	aus	für	an
trotz (auch Dativ)	mit	gegen	auf
während	nach	ohne	neben
wegen (auch Dativ)	seit	durch	unter
innerhalb	bei	um	hinter
anstelle	von	wider	über
diesseits	entgegen		zwischen
aufgrund	außer		vor
unweit	zu		in
ungeachtet	entsprechend		
dank			

Thema: **Wortarten – ihre Formen und Funktion**

4.9 Zeitformen der Verben

Ort: Unterrichtsraum
Material: -

Beschreibung: Der Lehrer nennt Verben in verschiedenen (anfangs nur zwei oder drei) Zeitformen (Beispiele s. Rückseite), die von den Schülern wie folgt dargestellt werden:

- Präsens → Schlusssprung
- Perfekt → Drehung
- Präteritum → einen Schritt rückwärts gehen
- Plusquamperfekt → zwei Schritte rückwärts gehen
- Futur I → einen Schritt vorwärts gehen

Varianten:

- Partner- und Gruppenarbeit
- Bewegungsvariation, z. B. „Kaffeebohnen“ vor- oder rückwärts, dabei paarweise kontrollieren

Beispiele:

du schummeltest, sie haben geliebt, du wirst wachsen, er friert, du warst gekommen, sie ist gewesen, wir springen, ihr werdet gelobt werden, ihr habt gedreht, sie schwammen, du saugst, es hatte, du bist, wir sind ertrunken, wir werden lachen, sie tauchten, sie hat gefroren, ihr werdet losen, er schmunzelt, ich werde gehen, du warst verloren, er wird gefunden werden, es endet

Er springt über den Bach.	Er sprang über den Bach.	Er war über den Bach gesprungen.
Sie ruft ihren Bruder.	Sie rief ihren Bruder.	Sie hatte ihren Bruder gerufen.
Sie besucht ihre Freundin.	Sie besuchte ihre Freundin.	Sie hatte ihre Freundin besucht.
Paul verschießt den Elfmeter.	Paul verschoss den Elfmeter.	Paul hatte den Elfmeter verschossen.
Sarah geht spazieren.	Sarah ging spazieren.	Sarah war spazieren gegangen.
Der Dieb fasst einen kniffligen Plan.	Der Dieb fasste einen kniffligen Plan.	Der Dieb hatte einen kniffligen Plan gefasst.
Max träumt von seiner Geburtstagsfeier.	Max träumte von seiner Geburtstagsfeier.	Max hatte von seiner Geburtstagsfeier geträumt.
Lena geht nach der Schule ins Schwimmbad.	Lena ging nach der Schule ins Schwimmbad.	Lena war nach der Schule ins Schwimmbad gegangen.
Kai backt seiner Mutter einen Geburtstagskuchen.	Kai buck seiner Mutter einen Geburtstagskuchen.	Kai hatte seiner Mutter einen Geburtstagskuchen gebacken.

Thema: **Wortarten – ihre Formen und Funktionen**

4.10 Die Zeiten der Verben

Ort: Unterrichtsraum
Material: Wortkarten (mit Verben in verschiedenen Zeitformen), Zonenschilder

Beschreibung: Der Unterrichtsraum ist in Zeitzonen eingeteilt (an der Wand hängen A3-Formate mit den jeweiligen Fachbegriffen, entsprechend dort, wo sich die Zonen befinden). Der Lehrer oder ein Schüler liest ein Verb im Perfekt, Präteritum, Futur II etc. vor und die Schüler begeben sich in die entsprechende Zeitzone.

Varianten:

- Die Arten der Verben (Hilfsverben, Modalverben, Vollverben …) werden „zonenweise" abgefragt und dabei geübt.
- Das richtige Verb kann auf der „Zonenkarte" festgehalten werden (so hat man später Beispielwörter für nachfolgende Übungen und Aufgaben).

Thema: **Wortarten – ihre Formen und Funktionen**

4.11 Verbformen

Ort: Unterrichtsraum
Material: Wortkarten (wegen der besseren Haltbarkeit möglichst laminieren)

Beschreibung: Jeder Schüler legt eine selbstgefertigte (und kontrollierte) Wortkarte auf seinen Platz. Auf der Vorderseite steht ein kurzer Satz mit einem Verb in der 3. Person Einzahl Präsens und auf der Rückseite die entsprechenden Sätze im Futur I und II. Die Schüler wechseln ihre Plätze im Raum. Sie schreiben jeweils die Präsensform ab, ergänzen die beiden anderen Zeitformen und vergleichen mit der Rückseite. Dann suchen sie sich einen neuen Platz.

Variante: Die Wortkarten können auf der Rückseite auch Genera verbi, Partizipien enthalten und damit zu weiteren Übungen eingesetzt werden.

Beispiele für mögliche Verben:

sein, haben, lernen, spielen, lesen, sprechen, riechen, kommen, singen, fliegen, schmecken, lachen, quatschen, fahren, schmuggeln, niesen, schmusen, reden, geben, leben

Hinweis: Um Dopplungen bei der Verwendung der Verben zu vermeiden, sollte jeder Schüler in der Stunde vor diesem Spiel sagen, welches Verb er nimmt. Eine andere Möglichkeit ist, dass der Lehrer jedem Schüler ein Verb vorgibt und die Kinder sich die Sätze natürlich selbst ausdenken, vielleicht zu einem aktuellen Thema.

Thema: **Wortarten – ihre Formen und Funktionen**

4.12 Puzzle mit Adverbien

Ort: Unterrichtsraum

Material: farbige Karteikarten (weiß – Satzbausteine; rot – Temporaladverbien; blau – Lokaladverbien; grün – Modaladverbien; gelb – Kausaladverbien)

Beschreibung: Die Karteikarten (Beispiele s. Rückseite) liegen im Raum verteilt. Die Schüler gehen im Zimmer umher und bauen sich Stück für Stück ihre Sätze zusammen. Diese schreiben sie dann ins Heft und unterstreichen mit den entsprechenden Farben der Karteikarten.

Varianten:

- Der schönste bzw. originellste Satz wird prämiert, nachdem jeder mindestens fünf Sätze aufgeschrieben hat und seinen schönsten vorliest.
- Anzahl der Adverbialbestimmungen vorgeben

Temporaladverbien:
Neulich traf ich meine ehemalige Klassenlehrerin. Frau Schmidt telefoniert *gerade*. *Heute* gehe ich noch zum Handballtraining. Mein Bruder kam *gestern* in Frankfurt an. *Morgens* gehe ich manchmal schwimmen. *Demnächst* möchte ich ein schönes Buch lesen. *Oft* ärgere ich meine Geschwister. (heute, gestern, übermorgen, soeben, seither, mittlerweile, endlich, schließlich)

Lokaladverbien:
Draußen ist es heute sehr kalt. *Bergauf* gehen kann sehr anstrengend sein. *Hierher* komme ich nur selten. *Nirgendwo* bekomme ich dieses Gewürz. In meinem Zimmer ist *oben* an der Decke sehr schöner Stuck. Wir müssen diese Treppe *abwärts* laufen. (hier, da, dort, hin, her, herum, umher, fort, weg)

Modaladverbien:
René löste die Aufgabe *blitzschnell*. *Keineswegs* wollte er das Spiel versäumen. Er suchte seine Tasche *vergebens* in der Garage. *Fast* hätte ich vergessen, dir zu gratulieren. Im Sportunterricht stellen wir uns *paarweise* auf. Manchmal denken wir *äußerst umständlich*. (schnurstracks, anders [vorgestellt], das geht so, haufenweise Fehler, größtenteils gutgelaunt)

Kausaladverbien:
Folglich konnten wir nicht spielen. Ich gehe zeitig ins Bett, *da* ich morgen eine Klassenarbeit schreibe. Wir haben uns *dennoch* erholt. Ich habe mich gut vorbereitet, *trotzdem* bin ich sehr aufgeregt. (Deshalb kam er zu spät. Dadurch haben wir uns kennen gelernt. (deswegen/demzufolge, nämlich/somit, andernfalls, wieso/weshalb/weswegen)

Thema: **Wortarten – ihre Formen und Funktionen**

4.13 Tempo! Tempo!

Ort: Unterrichtsraum
Material: -

Beschreibung: Der Lehrer oder ein Schüler nennt verschiedene Lokaladverbien im Imperativ, denen die Schüler folgen.

Varianten:
- ein Schüler darf die gesamte Klasse durch den Raum schicken
- weitere Varianten (s. Rückseite)

Weitere Varianten:

Lokaladverbien stehen an der Tafel: *hier, da, dort, hierher, herauf, hinunter, recht, links ...*
Der Lehrer bittet einen Schüler mit den folgenden Instruktionen zu sich: Komm mal *hierher!* Setz dich bitte *dahin!* Dabei werden die Lokaladverbien betont. Anschließend soll dieser Schüler einen seiner Mitschüler durch den Unterrichtsraum schicken, durchaus an ein paar ungewöhnliche Orte, z. B.: „Stelle dich *auf* den Stuhl! Gehe *vor* die Tür!“ Die Klasse hat die Aufgabe, evtl. falsche Lokaladverbien zu berichtigen.

Thema: **Wortarten – ihre Formen und Funktionen**

4.14 Plätze wechseln

Ort: Unterrichtsraum
Material: evtl. Schwungtuch bzw. Plastikfolie

Beschreibung: Die Schüler sitzen im Stuhlkreis. Der Lehrer (später Schüler) beginnt das Spiel, indem er einen Relativsatz nach dem Muster: „Alle, die sich heute früh die Zähne geputzt haben, wechseln die Plätze!" (s. Rückseite). Daraufhin wechseln alle so schnell als möglich ihren Sitzplatz. Derjenige, der am Ende steht, setzt das Spiel fort.

Varianten:
- statt dem Stuhlkreis andere Übungen am Platz verwenden, z. B. hocken, stehen, sitzen, sich im Kreis drehen
- den Wechsel unter einem von allen hoch gehaltenen Schwungtuch bzw. einer Plastikfolie vornehmen (Schulhof, „grünes" Klassenzimmer)

Hinweis:

Um das Spiel möglichst abwechslungsreich zu gestalten, ist darauf zu achten, dass möglichst Relativsätze verschiedener Namen (alle, du, sie, jeder, niemand ...) gebildet werden. Also: „*Jeder*, der *sich* heute schon im Spiegel gesehen hat, wechselt den Platz“. „*Alle*, die *sich* nachts im Wald gruseln, tauschen die Plätze“. Diese verschiedenen Formen vor dem Spiel besprechen und an der Tafel festhalten.

Beispiele:
„Jeder Junge, der ein A im Vornamen hat, wechselt!“
„Alle Mädchen, die ein E im Nachnamen haben, tauschen die Plätze!“
„Jeder, der einen Bruder/eine Schwester hat, wechselt den Platz!“
„Alle Kinder, die ein Haustier haben, tauschen die Plätze!“
„Alle Schüler, die mit dem Fahrrad/zu Fuß zur Schule kommen, wechseln!“

Thema: **Wortarten – ihre Formen und Funktionen**

4.15 Worttheke

Ort: Unterrichtsraum
Material: Karten, Wortkarte (Speisekarte)

Beschreibung: Die Klasse teilt sich in zwei Gruppen. Eine Gruppe sitzt an den Tischen, wählt eine Wortart aus der Wortkarte und bestellt sie. Die andere nimmt Bestellungen entgegen, geht zur Worttheke (Sammelsurium von gemischten Karten, Rückseite) und „serviert" das Entsprechende an den jeweiligen Tischen. Der „Gast" vergleicht das gebrachte Wort und schreibt es in eine Tabelle ein. Rollenwechsel. (Stiefel. 2001, S. 41)

Varianten:

- Spiel mit Verben in den verschiedenen Zeitformen
- Unterscheidung in:
  flektierbare Wortarten: Adjektive, Artikel, Pronomen, Numerale
  nicht reflektierbare Wortarten: Adverbien (Lokal-, Temporal-, Modal-, Kausal- und Interrogativpronomen), Präpositionen (geordnet nach Kasusrektion), Konjunktionen (ordinierende und subordinierende), Interjektionen

Weitere Varianten:
Tabelle im Heft anlegen mit acht Spalten für die Wortarten und Basteln der Wortkarten durch die Schüler selbst in der Stunde vor dem Spiel. Hilfreich ist es auch, ein markantes Merkmal der Wortart in Klammern auf die Wortkarte zu schreiben. Verben (konjugierbar), Substantive (deklinierbar), Artikel (deklinierbar), Pronomen (deklinierbar), Adjektive (deklinierbar, steigerbar), Präpositionen (unveränderbar), Konjunktionen (unveränderbar) und Adverbien (unveränderbar).

Verben:
- zur Beschreibung von Tätigkeiten: versammeln, besuchen, lesen, strampeln, tauchen
- um Vorgänge zu benennen: es zerbricht, schneit, regnet, läuft, es brennt
- um Zustände darzustellen: der Wind *bläst*, ... *hat* geschlossen, ... *ist* langweilig, dort *standen* ...

Unterscheidung nach: Vollverben, Hilfsverben, Modalverben, den Flexionsformen (Kasus, Genus, Numerus)

Nomen:
- zur Bezeichnung von Gegenständen, Lebewesen, Pflanzen: Fußball, Haus, Zange, Mutter, Freund, Blume
- zur Bezeichnung von Vorgängen: Bewegung, Untersuchung, Besichtigung, Streik, Schlag, Schlaf, Reise
- zur Bezeichnung von Eigenschaften: Charme, Fleiß, Hilfsbereitschaft, Treue, Ehrlichkeit
- zur Bezeichnung von Gefühlen: Neid, Freude, Trauer

Thema: **Wortkunde**

4.16 Wörterball

Ort: Unterrichtsraum
Material: Softball, Zeitungsball, Wollknäuel o. a.

Beschreibung: Die Schüler stellen sich zu mehreren Kreisen auf. Sie spielen sich einen Softball zu und nennen jeweils ein Wort zu einem Wortfeld.

Varianten:

- Antonyme nennen (s. Rückseite)
- Reimwörter finden
- Wurfart ändern
- Als Blitzlicht bei unterschiedlichen Themen: Jeder Schüler macht nur eine kurze, unkommentierte!!! Aussage, um einen Eindruck (zu einem Text, einem Gedicht, einem Theaterstück, einem Film u. a.) wiederzugeben.

Antonyme:

teuer – ...	leben – ...	Mann – ...	Nutzen – ...
klug – ...	lieben – ...	Onkel – ...	Morgen – ...
glatt – ...	lösen – ...	Lehrer – ...	Wahrheit – ...
schwarz – ...	gehen – ...	unten – ...	
tapfer – ...	annehmen – ...	rechts – ...	
hoch – ...	füllen – ...	hier – ...	

Thema: **Wortkunde**

4.17 Wortfelder gestalten

Ort: Unterrichtsraum
Material: -

Beschreibung: Durch die Schüler werden sinnverwandte Wörter zu einem Wortfeld zusammengetragen. Sie führen anschließend die Tätigkeiten aus und beschreiben die Unterschiede, z. B.:

- gehen, laufen, schleichen, schreiten, schlürfen, tippeln …
- schauen, spähen, starren …
- springen, hopsen, hechten, hüpfen, hoppeln …
- drehen, kreisen, kurbeln, rollen … (weitere Beispiele s. Rückseite)

Varianten:

- Gruppenarbeit mit unterschiedlichen Wortfeldern
- mit Pantomime verbinden (Ein Schüler stellt ein passendes Wort dar, die anderen nennen es.)

Beispiele für Wortfelder:

hören, lauschen, die Ohren aufstellen, weghören, vernehmen, horchen, aufmerken, aufschnappen

sehen, spähen, beobachten, wegschauen, lunzen, starren, gucken, beaufsichtigen, hüten, erblicken, wahrnehmen, gewahren, besichtigen, beschauen, bemerken, betrachten, beachten, anblicken, mustern, erkennen,

begrüßen, umarmen, abklatschen, drücken, die Hand geben, anlächeln, wegschauen, anspringen, küssen, bewundern, anflehen, übergehen, anreden,

pflegen, kümmern, schneiden, fönen, waschen, abklopfen, putzen, betasten, ölen, eincremen, einsprühen, versorgen

fortbewegen, rennen, schleichen, fliegen, fahren, gleiten, schweben

Gefühlslagen/Stimmungen: Wut, Trauer, Freude, Wohlbehagen, Verzweiflung, Angst

Tänze: Techno, Schuhplattler, Walzer, Polka, Polonaise, Breakdance

Sport: Gewichtheben, Speerwurf, Motorsport, Schwimmen, Hochsprung

Lebensabschnitte: Baby, Kindheit, Schulkind, Jugendlicher, Erwachsener, Greis

Berufe: Maler, Arzt, Polizist, Verkäufer, Busfahrer, Pilot, Lehrer

Thema: **Wortkunde**

4.18 Wortfeld-Staffel

Ort: Unterrichtsraum
Material: -

Beschreibung: Die Klasse bildet zwei gleich große Gruppen. Der Lehrer nennt ein Wort, zu dem die Schüler Wortfelder bilden. Nacheinander schreiben die Schüler einer Gruppe ihre Begriffe verdeckt an die Tafel. Gewonnen hat die Gruppe, die die meisten richtigen und zugleich die wenigsten Begriffe doppelt notiert. (Beispiele s. Rückseite)

Variante: zur Unterscheidung von Wortfeldern und Wortfamilien nutzen
(Baseler, 2014, S. 55)

Beispiele für Wortfelder:

essen, speisen, verzehren, ernähren, Nahrung aufnehmen, kosten, schlemmen, naschen, sich laben, fressen, vertilgen, löffeln, dinieren, futtern, vertilgen

denken, überlegen, durchdenken, nachdenken, sich besinnen, meinen, grübeln, in Augenschein nehmen, abwägen, erachten, sinnieren, in Frage stellen, ermessen, in Betracht ziehen, ahnen

laufen, gehen, schleichen, schreiten, sprinten, preschen, rennen, spurten, schlurfen, tippeln, rasen, hasten, stürmen, spazieren

weitere Beispiele: s. Rückseite 4.13 Wortfelder gestalten

Beispiele für Wortfamilien:

denken, nachdenken, Denkart, umdenken, ausdenken, Denkaufgabe, denkbar, Denkerfalte, gedenken, Denkfähigkeit, undenkbar
schreiben, aufschreiben, abschreiben, Schreibzeug, Schreiber, umschreiben, Schreibung, beschreibbar, zuschreiben
(Baseler, 2014, S. 55)

Thema: **Wortkunde**

4.19 Kuckucksei

Ort: Unterrichtsraum

Material: -

Beschreibung: Ziel ist das Erkennen eines nicht zum Wortfeld gehörenden Wortes („Kuckucksei"). Die Schüler setzen sich auf ihren umgedrehten Stuhl und schließen die Augen. Der Spielleiter liest mehrere Wörter langsam vor. Beim ersten Vorlesen hören sie nur zu. Beim zweiten Mal bestimmen sie das Kuckucksei. Wird das Wort erneut vorgelesen, führen die Schüler ihre Hände über dem Kopf zusammen und stellen so ein Ei dar. (Weichert, 1990, 37)

Variante: Die Schüler bewegen sich mehr, wenn in Kleingruppen die Kinder sich an den Händen fassen und bei einem Kuckucksei gemeinsam die Form eines Eies bilden.

Beispiele:

rot, grün, blau, *kalt*, schwarz

Möwe, Ente, Schwan, Seeadler, *Meise*, Eisvogel

Buche, Eiche, *Fichte*, Linde, Birke

Frankreich, Spanien, *Mexiko*, Schweden, Polen

Füllhalter, Radiergummi, Bleistift, Spitzer, *Zahncreme*

Thema: **Wortkunde**

4.20 Wortfamilien

Ort: Unterrichtsraum
Material: Wollknäuel bzw. Reis- oder Erbsensäckchen

Beschreibung: Die Schüler bilden einen Kreis (bei zu hoher Schülerzahl besser mehrere). Ein Schüler bekommt das Wollknäuel und nennt ein Wort. Daraufhin wirft er das Wollknäuel zu einem seiner Mitschüler, der daraufhin versucht, ein Wort mit dem gleichen Wortstamm zu finden.

Varianten:

- Wortfelder oder Wortreihen (Kinderbuch, Kochbuch, Sparbuch) bilden
- Wird das Wollknäuel gefangen oder ein neuer Begriff gefunden, treten alle einen Schritt zurück. Fällt einem Schüler kein weiteres Wort der Wortfamilie ein oder fällt das Knäuel zu Boden, gehen alle wieder eng zusammen.

Beispiele für mögliche Wortfamilien/Wortstämme:

Fahren - Fahrgeld - Abfahrt - Fahrschein - Fahrrad ...

Bauen - Baustelle - Bauarbeiter - erbauen ...

Schule - Schülerin - Schuldirektor - schulen ...

kaufen - einkaufen - Kaufhaus - Verkäufer - Autokauf ...

faul - Faulpelz - faulen - Faultier ...

schön - Schönheit - verschönen ...

lehren - Lehrer - Lehre - Belehrung - gelehrig ...

Thema: **Reflexion über Sprache**

4.21 Bandwurmwort

Ort: Unterrichtsraum
Material: Wortkarten mit Substantiven

Beschreibung: Die Wortkarten werden im Raum verteilt. Nach dem Aussuchen der Wortkarten und Niederschreiben der Substantive sollen die Schüler möglichst lange, aber sinnvolle Komposita bilden.
Beispiel: Fußball – Welt – Meisterschaft – Ende – Spiel
Fußballweltmeisterschaftsendspiel
Später kann über das Wesen des Fugenelementes gesprochen werden (Weltmeisterschafts ...)

Variante: einzelnen Schülern bestimmte Themengebiete vorgeben und nur Substantive finden und notieren, die dazu passen (z. B. Sport, Haushalt, Berufe ...)

Beispiele:

Rind – Fleisch – Etikettierung-(s) – Überwachung-(s) – Aufgaben – Übertragung-(s) – Gesetz
Grundstück-(s) – Verkehr-(s) – Genehmigung-(s) – Zuständigkeit-(s) – Übertragung-s – Verordnung
Kraftfahrzeug – **H**aftpflichtversicherung
Donau **–** Dampfschiff **–** Fahrt-(s) **–**Gesellschaft

Sportbespiele:

Riesen – Slalom – Abfahrt-(s) – Ski – Tester
Basketball – Korb – Ring – Netz – Öse
Fußball – Torwart – Handschuh – Aufbewahrung-(s) – Box
Hand – Ball – Sieben – Meter – Freiwurf – Linie
Tisch – Tennis – Tisch – Markierung-(s) – Linie
Volleyball – Schiedsrichter – Hosen – Bund –Naht
(Arnold, 2016)

Thema: **Wortkunde**

4.22 Ober- und Unterbegriff

Ort: Unterrichtsraum
Material: -

Beschreibung: Der Lehrer schreibt einen Begriff an die Tafel und nennt dazu Ober- oder Unterbegriffe. Die Schüler drücken durch entsprechende Bewegungen aus, worum es sich handelt:

Überordnung: Stand (höher), z. B. Baum
Nebenordnung: Hocke (selbe Höhe), z. B. Nadelbaum, Laubbaum
Unterordnung: Sitz (tiefer), z. B. Fichte

Varianten:

- Bewegungsform ändern, z. B.:
  Überordnung – strecken, Nebenordnung – ausschütteln, Unterordnung – drehen
- Die Schüler stellen mit ihren Körpern die Ordnung dar, die sie erarbeitet haben.

Beispiele für mögliche Themenfelder:

Pferd:
Überbegriffe: Säugetier, Vierbeiner, Pflanzenfresser
Nebenordnungen: Ross, Gaul, Mähre
Unterbegriffe: Schimmel, Hengst, Stute, Pony, Haflinger

Europa:
Überbegriffe: Erdteil, Kontinent
Nebenordnungen: Asien, Amerika, Afrika, Antarktika
Unterbegriffe: Schweden, Spanien, Portugal

Nadelbaum:
Überbegriffe: Baum, Pflanze, Gewächs, Lebewesen
Nebenordnungen: Laubbaum
Unterordnung: Tanne, Kiefer, Lärche

Hinweis:
Der Lehrer sollte sich in der Vorbereitung die Themenfelder bewusst machen, um den Schwierigkeitsgrad nicht zu hoch zu wählen. So können Bezüge zu anderen Fächern (Biologie, Geografie, Physik etc.) hergestellt werden.

Thema: **Wortkunde**

4.23 Activities

Ort: Unterrichtsraum
Material: -

Beschreibung: In Kleingruppen werden Metaphern durch Mimik, Gestik, Körpersprache dargestellt. Hilfe kann durch Hinweise der Lehrer wie „Grundwort“, „Bestimmungswort“ oder erster Begriff, zweiter usw. erfolgen. Wichtig ist, über dem Spiel nicht zu vergessen, den Unterschied zwischen den einzelnen sprachlichen Bildern herauszuarbeiten, also nach jedem erratenen Begriff zu klären, um welche Figur es sich handelt.

Varianten:

- Das Spiel wird schwieriger, wenn Personifikationen dargestellt werden sollen (z. B. Mutter Erde, Vater Rhein). Um möglichst viele Schüler zu aktivieren, spielen mehrere gleichzeitig.
- Diese Form ist auch einsetzbar bei Wortzusammensetzungen mit zwei, drei oder mehr Substantiven.

Folgende Formen bieten sich an:

Metapher:
„Oberhaupt der Familie“, „ins Gras beißen“, „kaltes Herz“, gebrochenes Herz“, „Feuer der Liebe“, „Flussbett“, „Wüstenschiff“, „Magnetfeld“, „Glühbirne“, „ein Licht aufgehen“, „Tischbein“, „Adlerauge“, „Katerfrühstück“, „Faust im Nacken“

Personifikation:
„Justitia“, „schlauer Fuchs“ „hässliches Entlein“ u. a.

4 Sprache thematisieren **Klasse: 5-8**

Thema: **Wortkunde: Wortbildung**

4.24 Wortketten

Ort: Unterrichtsraum
Material: Softball o. Ä.

Beschreibung: Alle bewegen sich frei im Raum. Der Ballbesitzer nennt eine Zusammensetzung und spielt den Ball weiter. Der Schüler, der den Ball fängt, bildet mit dem Grundwort (Kopf) ein neues Kompositum, indem er es zum Bestimmungswort macht.
Beispiel: Wasserball – Ballspiel – Spielkarte – Kartenhaus ... (Stiefel, 2001, S. 39)

Varianten:

- Wurfart ändern
- Bewegung variieren
- Wortart ändern (s. Rückseite)

Beispiele:

Adjektive: schneeweiß, steinhart

Verben: einsteigen, durchlaufen, absteigen (aufpassen! nur zwei selbstständige Wörter zusammensetzen - keine Vorsilben)

gleiches Grundwort benutzen: Traumtänzer, Balletttänzer, Eintänzer ...

gleiches Bestimmungswort benutzen: Schulhaus, Schulhof, Schulgarten ...

Wortschlangen: Brief, Briefkasten, Briefkastenschlüssel, Briefkastenschlüsselring ...

Ein Schüler aus einer Bankreihe beginnt, kommt nach vorn, der zweite stellt sich dahinter und jeder hängt einen Baustein an.

Thema: **Wortkunde: Wortbildung**

4.25 Wortbildungspuzzle

Ort: Unterrichtsraum
Material: Karten mit Wortbausteinen

Beschreibung: Wortbausteine (Präfixe, Suffixe, Wortstämme [mit Umlauten], grammatische Endungen u. a.) werden von den Schülern auf verschieden farbiges Papier geschrieben. Anschließend bilden die Schüler aus den ausliegenden Karten Wörter, schreiben diese auf und erkennen die Art der Bildung (Ableitungen, Präfixbildungen, Wortartwechsel, Kürzungen). (Stiefel, 2001, S. 49)

Varianten:

- Partner- und Gruppenarbeit
- Karten an der Tafel ordnen (s. Rückseite)
- „Wortplakat" erstellen

Varianten:

Die Hälfte der Klasse fertigt jeweils 18 Karteikarten mit folgenden Prä- und Suffixen an:

be-, ent-, er-, ge-, ver-, un-, zer-
-e, -er, -erin, -heit, -keit, -ung, -ig, -lich, -isch, -en, -n

Die übrigen Schüler schreiben folgende Stammform auf Karteikarten:

mach, führ, komm, lass, geh, zweifel, spann, fehl, trümmer, lauf, arbeit, werf, such, rost, zünd, roll, frier, fall, hol, end, sieg, reiß, leb, kämpf, schneid, schwimm, setz, sing, halt, stimm, dien, lach, lern, nenn, wiss, red

Nun werden aus den einzelnen Bestandteilen Wörter gebildet, die mit Magneten an der Tafel befestigt werden.
Die entstandenen Wörter übernehmen die Schüler anschließend in ihre Hefte.

Thema: **Wortkunde: Dialektologie**

4.26 Woher?

Ort: Unterrichtsraum
Material: Wortkarten mit typischen Ausdrücken aus regionalen Dialekten (s. Rückseite)

Beschreibung: Als Erkundungsaufgabe sollen die Schüler Ausdrücke aus regionalen Dialekten anhand ausgelegter Texte sammeln und einzeln jeweils auf die Wortkarte schreiben. Nach Regionen getrennt werden diese Wortkarten auf Tische sortiert und gemeinsam überprüft, z. B. oberdeutsch, mitteldeutsch, niederdeutsch bzw. berlinerisch, sächsisch, bayrisch. Anschließend können die Wortkarten gemischt und neu sortiert werden.

Varianten:
- Es wird nach Dialekten des eigenen Bundeslandes sortiert, für Sachsen z. B.: vogtländisch, erzgebirgisch, mittelsächsisch, oberlausitzisch, niederschlesisch.
- Auf den Karten stehen Begriffe aus der Region, auf anderen deren Übersetzung. Die zwei Schüler mit den jeweils passenden Karten finden sich zusammen.
- paarweise arbeiten
- kleine Verse auslegen

Beispiele für Wortkarten:

Seid ihr echte Sachsen?

sächsisch	**hochdeutsch**	**sächsisch**	**hochdeutsch**
Modschegiebchen	Marienkäfer	Gebirsche	Gebirge
Omme	Kopf	Daucher	Taucher
huppn	springen, hüpfen	dr	der
emol	einmal	Arzgebirg	Erzgebirge
Döbbl	Topf	jiwermorchn	übermorgen
Worscht	Wurst	klippln	klöppeln
Gleggergram	Kleinigkeiten	Ardappeln	Kartoffeln
Moorchn	Guten Morgen	Sunntig	Sonntag
Bäggor	Bäcker	Neinerla	Neunerlei
Schäff	Chef	.	
Bärne	Birne, Kopf	.	
Laatschen	Schuhe	.	
gräftch	kräftig	Nu gugge ma´!	

Thema: **Wortkunde: Soziolinguistik**

4.27 Jugendsprache

Ort: Unterrichtsraum
Material: Workarten durch Schüler angefertig)

Beschreibung: In Gruppenarbeit werden Wortkarten angefertigt, auf deren Vorderseite ein Begriff in der Standardsprache und auf deren Rückseite der entsprechende Ausdruck der Jugendsprache steht, z. B.: Spaß - fun; Treffen – event; gelassen sein – cool u. a.
Diese Wortkarten werden anschließend im Raum verteilt. In Einzelarbeit gehen die Schüler zu jeweils einer Wortkarte, lesen die Vorderseite, schreiben am Platz Standardsprache und Jugendsprache auf und kontrollieren danach mit der Rückseite.

Varianten:

- englischen Begriff aufgedeckt lassen und entsprechendes Synonym dazu finden (Rückübersetzung)
- klassische Balladen umschreiben
- Szenen aus Dramen umgestalten, z. B. Balkonszene aus „Romeo und Julia“

Anhang 1: Arbeitsblätter

Arbeitsblatt 1: Orthografie

Klasse: 6

Thema: **Wörter auf -ig, -lich und -isch**

Material: Arbeitsblatt mit Kreuzworträtsel, Karten mit Substantiven

Aufgabe: Im Unterrichtsraum sind 12 Karten mit Substantiven (und den Nummern im Kreuzworträtsel) verteilt. Suche diese Karten und bilde aus dem Substantiv ein Adjektiv. Verwende dafür die Endungen -ig, -lich und -isch.
Schreibe das neu gebildete Adjektiv in die passende Stelle im Kreuzworträtsel.

Wenn dein Kreuzworträtsel fertig ausgefüllt ist, kannst du aus den dick umrahmten Kästchen das Lösungswort bilden. Trage es unten ein!

Lösungswort: 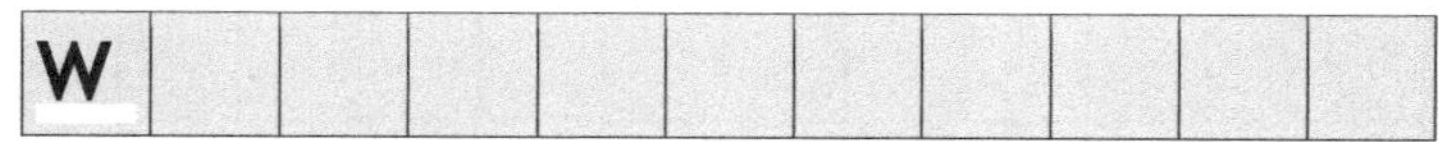

Substantive:
(auf dem Arbeitsblatt für die Schüler beim Kopieren abdecken)

Waagerecht:

1 die Schule
4 das Leben
5 die Ehre
8 der Neid
9 der Osten
10 die Hast
11 die Eile
12 der Sturm

Senkrecht:

2 das Herz
3 der Mut
6 die Sache
7 das Eis

Lösungswort: Wortbildung

Arbeitsblatt 2: Gebrauchsformen sprachlicher Darstellung **Klasse: 5-6**
Thema: **Sprichwörter und Redewendungen**

Material: Arbeitsblatt, Scheren

Aufgabe: Partner A:
Auf dem Arbeitsblatt findest du verschiedene Sprichwörter und Redewendungen. Schneide diese aus. Suche anschließend einen Partner, der die passende Bedeutung zu einem Sprichwort bzw. einer Redewendung besitzt.
Schreibt die Sprichwörter und Redewendungen mit ihren Bedeutungen in euer Heft.
Sucht anschließend einen neuen Partner bis ihr alle Sprichwörter und Redewendungen den Bedeutungen zugeordnet habt.

Partner B:
Auf dem Arbeitsblatt findest du verschiedene Bedeutungen. Schneide diese aus. Suche anschließend einen Partner, der das passende Sprichwort bzw. die passende Redewendung zu einer Bedeutung besitzt.
Schreibt die Sprichwörter und Redewendungen mit ihren Bedeutungen in euer Heft.
Sucht anschließend einen neuen Partner bis ihr alle Bedeutungen den Sprichwörtern und Redewendungen zugeordnet habt.

Partner A:

Es ist nicht alles Gold, was glänzt.

ins Fettnäpfchen treten

etwas durch die Blume sagen

der springende Punkt

Wer anderen eine Grube gräbt, fällt selbst hinein.

auf Wolke 7 schweben

den Kopf in den Sand stecken

Was du heute kannst besorgen, das verschiebe nicht auf morgen.

Partner B:

das vorsichtige, umschreibende und freundliche Üben von Kritik

der äußere Schein trügt; etwas wird nicht gehalten, wie es versprochen wurde

aufgeben; wegschauen, etwas leugnen

verliebt sein; in Hochstimmung, sehr glücklich sein

es mit jmd. Verderben durch ungeschicktes Verhalten oder eine unbedachte Äußerung

notwendige, wichtige Aufgaben sollte gleich erledigt werden

das Wesentliche, der Kern einer Sache

die bestehende Gefahr, sich selbst zu schaden, wenn man andere hereinlegen will; Warnung vor verwerflichem Handeln

Eigene Beispiele

Klasse:

Thema:

Titel

Ort: Unterrichtsraum
Material: -

Beschreibung:

Varianten:
-

Zeitfracht Medien GmbH
Ferdinand-Jühlke-Straße 7
99095 Erfurt, Deutschland
produktsicherheit@kolibri360.de